图片目录

599 银钵
唐

599 银匜
唐

600 狮形墓门石枕
隋

600 狮形墓门石枕
隋

601 狮形石熏炉
隋

601 汉白玉镇墓兽
唐

602 牧童骑牛石雕
唐

603 玉象
宋

603 春水玉带饰
金

604 瑞兽葡萄纹铜镜
唐

604 大吉铭双鸾衔绶菱花形铜镜
唐

605 金银平脱铜镜
唐

606 鸾鸟纹菱花形铜镜
唐

606 宝相团花纹菱花形铜镜
唐

607 嫦娥故事带柄铜镜
金

614 大宋东岳天齐仁圣帝碑
北宋大中祥符六年

616 东岳泰山照妖宝镜
明弘治十七年

617 泰山天仙圣母碧霞元君玉印
明

618 鎏金铜胎掐丝珐琅天神八宝
清乾隆

620 石敢当画像碑（拓片）
元至元二年

621 孔子燕居像图轴
明

622 "奉天诰命"描金龙纹漆盒
清

625 青花龙纹梅瓶
元

625 青花缠枝莲纹玉壶春瓶
元

626 青花龙纹玉壶春瓶
元

626 青花缠枝瓜果纹玉壶春瓶
元

627 釉里红缠枝菊纹盏托
元

628 白釉褐彩龙凤纹罐
元

684 谢彬 李之芳行乐图卷
清

686 金农 古佛图轴
清

687 郑板桥 大字中堂
清乾隆二十三年

688 高其佩 秋风藏媚图轴
清

689 江苏桃花坞忠义堂年画
清

690 张中黄 山水连轴
清

692 高凤翰 甘谷图十二通景屏
清

694 石涛 山水图轴
清

695 黄慎 枯木孤鹰图轴
清

696 禹之鼎 幽篁坐啸图卷
清

697 袁江 汉宫秋月图轴
清

698 张在辛 秋林独步图轴
清

699 郑板桥 双松图轴
清

700 高凤翰 隶书读书铭中堂
清雍正十二年

701 蓝瑛 桃源春霭图中堂
清顺治三年

702 齐白石 花虫图轴
民国十一年

704 镶绿松石金耳坠
元

704 镶宝石金带饰
明

705 九旒冕
明

706 绿罗织金凤女袍
明

707 茶色绸平金团蟒袍
明

708 镀金铺翠凤冠
清

709 红缎绣凤纹神袍
清

709 红缎绣龙纹神袍
清

710 金线绣龙纹蓝绸官服
清

710 刺绣花鸟纹四合如意式云肩
清

714 镂雕龙纹玉炉顶
元

714 螭首玉带钩
元

第一编

史前时期——海岱星斗

20世纪30年代章丘城子崖遗址考古发掘场景

　　史前时期指夏代以前，即距今4000年以前的原始社会时期。在中国考古学诞生之前，商代以前的历史是模糊的，甚至是空白，只能靠古史传说来叙述和传颂，以致后代出现疑古学说和中国文化"西来说"。前者怀疑早期中国历史记载的真实性，后者认为中国文明来源于埃及、印度或中亚。而中国近代考古学的出现，击碎了这些不切实际的观点，为探寻中国文明源头点燃了希望之火，山东考古也为此做出了卓越的贡献。章丘市龙山镇城子崖遗址是山东早期考古发掘的最重要的遗址，1928年发现，1930、1931年两次发掘，它是史前龙山文化的最早发现地和命名地，也是中国学者第一次独立发现、发掘的一支史前文化遗址。在这里首次绘制了考古地层图，在这里撰写并出版了中国第一部田野考古报告集。城子崖遗址的发现与发掘是一个重要的转折点，从考古学史和古史研究的角度来讲，其价值远远超出遗址本身出土的遗物价值。著名考古学家李济早在1934年就给予极高评价，"城子崖的发现，不但替殷墟一部分文化的来源找到一个老家，对于中国黎明时期文化的认识，我们也得到了一个新阶段"，并起到"上溯中国文化的原始，下释商周历史的形成"的作用。

　　山东考古走过了近90年的历程，在文明探索过程中已取得了辉煌的成就，目前山东建立了一个相当完整的史前文化谱系。迄今发现山东最早的居民是旧石器时代沂源猿人，大致与著名的北京猿人同时，距今三四十万年，居住在天然洞穴内，使用较为粗糙的打制石器。沂源扁扁洞遗址是山东目前最早也是唯一的一处新石器时代早期遗存，距今一万年左右，其居民仍然过着穴居和采集、狩猎的生活，与稍晚

的后李文化有着密切的传承关系,有学者将其命名为扁扁洞·后李文化。其后的山东史前文化清晰而传承有序,分别是:后李文化(距今8500—7300年)、北辛文化(距今7300—6100年)、大汶口文化(距今6100—4600年)、龙山文化(距今4600—4000年)。

中国文明起源是古史研究中一个长盛不衰的话题,中国文明源自本土已是目前学术界不争的事实。同时学术界也认为中国文明的源点不是单一中心,而是源自多个"中心",是"满天星斗"式的,海岱地区、中原地区、甘青地区、太湖地区、江汉平原地区均是中心之一。"文字"、"城市"、"青铜器"、"礼仪性建筑"被认为是文明起源的最重要因素。以此为标准,山东在距今5000—4000年间已经迈入了文明社会的门槛。大汶口文化时期发现了7种图像符号,被认为是中国最早的单体字;龙山文化时期11字丁公陶文,被认为是中国最早的成篇文字之一;山东迄今已发现十余座大汶口文化至龙山文化时期的城址,被视为中国早期的城市;山东于1975年首先在胶州三里河遗址发现2件龙山文化铜锥形器,随后在诸城、日照、栖霞、临沂等地多次发现龙山文化铜片和铜渣,虽然没有发现完整的青铜容器,但足以证明该时期山东人已初步掌握了青铜冶炼技术。同时,制作精致的陶器、被赋予神秘使命的玉器,预示着龙山文化时期礼制的初成;墓葬规模的大小、随葬品数量的多寡,充分说明了贫富分化、等级社会的形成。诸多考古成果显示,山东海岱地区不仅是中国文明起源的一个中心,而且是满天星斗中"最亮"的星斗,其范围内分布的众多聚落城邑则是缀在海岱夜空中的一颗颗璀璨的小星星。

在中国北方和南方分别发现了距今2万—1.1万年间的粟黍类植物和稻类植物，此时还处于旧石器时代末期，只是农业起源的酝酿阶段，尚未进入农业社会。一万年前后人类逐渐步入新石器时代，才出现了真正意义的农业，不仅发现了稻、粟农作物颗粒证据，还发现诸多与农业密切相关的遗存。首先是农耕工具，齐全而精致，除加工用的磨盘、磨棒外，还有耕种用的斧、铲、耒耜，收割用的刀、镰等。其次是陶器，经检测，很多陶器内壁残留有农作物成分，应是经蒸煮后残留于器壁上的粮食残迹。其三是房屋，从利用天然洞穴到自己建造房屋居住，说明人们已摆脱了单靠狩猎和采集为生的游牧生活，过上了定居生活，这也是农业出现的重要标志。由此可见农业是伴随着工具的进步、陶器的发展、定居房屋的出现而产生的，农业生产使社会发生了翻天覆地的变化，不单解决了温饱，改善了生活；同时农业粮食的剩余促进了人口的繁殖，使人们有更多精力投入其他行业的生产，推动了整个社会的进步，孕育了社会各个方面的文明。

虽然人们习惯把夏代以前称为"原始社会"，但人类社会在五千年前后已出现了诸多文明的因素，其中物质方面的进步尤为显著。在原始社会晚期，陶器制作达到了中国历史的最高水平，玉器制作也极为繁盛，绘画、雕刻、雕塑也不乏艺术精品问世，甚至还出现文字。物质文化成就在各个行业均有体现，不能不说是农耕文化发展的结果。

石磨盘、磨棒

新石器时代后李文化
磨盘长80厘米，宽20—30厘米；磨棒长40厘米，直径10厘米
章丘市西河遗址出土
章丘市城子崖遗址博物馆（龙山文化博物馆）

石凿

新石器时代大汶口文化
长19厘米，厚3厘米
三级文物
莒县博物馆

石锛

新石器时代大汶口文化
长15.6厘米，宽7.2厘米，厚2.4厘米
一级文物
五莲县丹土遗址出土
五莲县博物馆

鹿角锄

新石器时代大汶口文化
长49厘米，宽18厘米
一级文物
1975年胶县三里河遗址出土
潍坊市博物馆

石斧

新石器时代龙山文化
长10.5厘米，宽5.5厘米，厚3.5厘米
二级文物
日照市博物馆

蚌刀

新石器时代龙山文化
均长12厘米，最宽4.2厘米
二级文物
禹城市邢寨汪遗址出土
德州市博物馆

鹿角陶拍

新石器时代龙山文化
高10厘米，宽8.2厘米
一级文物
1975年胶县三里河遗址出土
潍坊市博物馆

嵌绿松石骨雕筒

新石器时代大汶口文化
高7.8厘米
一级文物
1959年泰安大汶口遗址出土
山东博物馆

骨雕筒

新石器时代大汶口文化
高6.7厘米，宽4.8厘米
一级文物
1975年胶县三里河遗址出土
潍坊市博物馆

刻符灰陶尊

新石器时代大汶口文化
高60厘米，口径30厘米
一级文物
莒县陵阳河遗址出土
莒县博物馆

丁公刻字陶片

新石器时代龙山文化
最长7.7厘米，宽3.4厘米
一级文物
1991年邹平县丁公遗址出土
山东大学博物馆

当人们有意识地把泥土捏制成器皿，再以火烧制成形时，早期人类社会一项伟大的发明创造就诞生了！这就是土与火的结晶体——陶器。陶器的初始使用是人类社会进步的重要标志，宣告人类社会正逐步踏入新石器时代，人们使用陶器蒸煮食物，使用陶器盛放粮食，逐渐告别了茹毛饮血的穴居生活，从山区走入平原、湖滨，过上定居的农业生活。据考古发现，各地陶器出现的时间并不一致，山东最早的陶器发现于距今一万年前后的沂源扁扁洞遗址，揭开了山东地区新石器时代社会的序幕。

距今6000—4000年间，中国的陶器制作达到了历史的顶峰，特别是地处黄河下游的山东龙山文化，陶器制作工艺十分高超，其中以蛋壳陶最为著名，"代表了当时制陶业的最高水平"，堪称中国制陶史上的绝作。山东龙山文化时期陶器的发达，主要体现在以下几个方面。其一，技术先进，普遍采用快轮制作，生产效率高，器形规整匀称。其二，烧制工艺复杂，烧制火候较高，一般可达到900℃，以高岭土烧制的白陶则可达到1000℃以上。对陶色的控制得心应手，黑陶的烧制不仅需要使用还原焰，还需经渗碳、磨光处理，才能获得黑光亮的效果。蛋壳黑陶要求更高，一般使用匣钵烧成，开了两三千年后匣钵烧制细瓷的先河，是一项非常伟大的发明。其三，器型丰富多彩，鼎、鬲、盆、罐等器型多达二三十种，造型简洁而雅致，功能完备，既具有实用性，又不失观赏性。龙山文化陶器大部分是实用器，也有部分形体大、制作精的陶器可能已作为礼器，象征王权，用于祭祀。

后李文化距今8500—7300年，1988年首先在淄博市临淄区后李官庄遗址发现，故命名为后李文化。

后李文化分布于泰沂山北麓山前冲积平原地带，是山东一支新石器时代早中期考古学文化，重要遗址有临淄后李、章丘小荆山、章丘西河、济南张马屯、长清月庄、长清万德、邹平孙家、潍坊前埠下等。目前发现了后李文化的房址、灰坑、墓葬、环壕、陶窑等遗迹，房子以半地穴式为主，面积一般在20—30平方米以上。西河遗址发现了50余平方米的大房子，房内居室地面多经过加工，室内可分为炊灶区、储藏区、睡眠区等功能区。西河聚落的房屋可分多组，每组一般由一座带炊灶的大房子和一座或几座不带炊灶的小房子组成，大房子分区明显，推测一组房子即是一个母系大家庭的消费单位。从墓葬来看，这一时期都是单人葬，基本未见随葬品，尚无贫富分化的现象，表明社会生产、生活资料公有，人们共同劳动，共同消费，平均分配。小荆山遗址发现了周长1130米的环壕，这是海岱地区目前所见时代最早、结构最清楚的环壕聚落。结合西河、月庄、张马屯、小荆山等遗址的动植物考古研究及骨骼同位素分析，可判断该时期是以狩猎采集捕捞经济为主，并开始了早期的粟（黍）、稻等作物栽培和家猪驯养等初级农业生产活动。

石器是主要的生产工具，打制为主，兼用琢制和磨制，器型有斧、锤、凿、研磨器、磨盘、磨棒等。其中石斧数量最多，用于开垦土地和木材加工；石磨盘、石磨棒则是加工谷物和坚果的工具。后李文化陶器以素面为主，均为夹砂红陶和红褐陶，选用自然黏土为原料，手制而成，多以手工捏塑和泥条盘筑方式成型，再以拍打、刮抹、压划等打磨工序修整成器，烧成温度低，器型单一且不甚规整，以圜底器为主，有陶釜、碗、盆、壶等。陶釜是后李文化的代表性器物，为蒸煮用的炊器，约占后李文化出土陶器总数的70%—80%。

红陶釜

新石器时代后李文化
高44厘米，口径47.7厘米
章丘市西河遗址出土
章丘市城子崖遗址博物馆（龙山文化博物馆）

红陶蛋形壶

新石器时代后李文化
高52厘米，口径10.8厘米，腹径30厘米
章丘市西河遗址出土
章丘市城子崖遗址博物馆（龙山文化博物馆）

褐陶匜形盆

新石器时代后李文化
高15.5厘米，通长41厘米，通宽33.2厘米
章丘市西河遗址出土
山东省文物考古研究所

褐陶猪

新石器时代后李文化
高5.5厘米，长11.5厘米
章丘市小荆山遗址出土
山东省文物考古研究所

　　北辛文化距今7300—6100年，是新石器时代中晚期较早阶段的考古学文化，因20世纪70年代滕州官桥镇北辛遗址的发掘而得名。北辛文化遗址主要分布在泰沂山南北两侧山前平原地带，特别是鲁中南地区的汶、泗河流域，山东其他地区和苏北地区也有发现。重要遗址有滕州北辛、汶上东贾柏、兖州王因、兖州西桑园、泰安大汶口、临淄后李、章丘王官、青州桃园、烟台白石村、邳县大墩子、连云港二涧村等。

　　在北辛文化遗址中发现了鳄鱼遗骸，这类鳄鱼生长于今天长江流域，说明北辛文化时期山东气候较为温暖湿润，适于农作物生长。北辛遗址陶器底部发现粟印痕，大墩子下层发现炭化粟，二涧村遗址红烧土中发现稻壳印痕，日照南屯岭发现炭化黍和莲子，临沭东盘遗址发现北辛时期的炭化粟、黍和水稻，说明该时期粟作农业普遍发展，部分地区开始出现粟稻混作种植模式。北辛文化时期的农业生产工具数量较后李文化时期明显增多，主要有石铲、石刀、石镰、蚌铲、蚌镰等，石磨盘、石磨棒数量也显著增多。陶器、骨角器等手工业制作技术显著提升。家畜饲养业进一步发展，发现较多猪骨遗骸，如汶上东贾柏遗址F12中发现三具家猪骨架，北辛遗址H14底部集中堆放有六具猪下颌骨，H51底部有两具完整的猪头骨，可知家猪在日常生活中逐渐成为人类肉食的重要来源。

　　北辛遗址的文化堆积厚达1.5米，说明此时已经出现稳定的定居聚落，聚落内有房屋、灰坑、陶窑、水井等遗迹。北辛文化房子均为半地穴式建筑，平面多呈圆形或椭圆形，面积10平方米左右，小的只有3—5平方米，明显小于后李文化，而且房子内不见后李文化时期的组合灶，这一变化表明较小的人口单元——家庭开始出现了。人们依然

过着平均分配的生活，社会生产力水平较后李文化有了很大的发展，人均占有物质财富也相对增多。

北辛文化石器数量较多，主要有斧、锛、铲、刀、镰、磨盘、磨棒、锤、砍砸器、刮削器等。骨、角、牙、蚌器制作较为发达，采用磨制工艺，器形规整，以骨凿数量最多，另有骨针、骨笄、骨匕、蚌镞、蚌镰、鱼镖、鹿角锄等。陶器颜色不纯，以黄褐色为主。器型以圜底折腹鼎、敞口或直口釜、双耳或深腹圜底罐、卷沿平底盆、红顶钵、侈口圜底碗、喇叭形或环形钮器盖、实心圆形支座等为基本器物组合。其中以釜、鼎为典型器物，三足器数量多，平底器较少，不见圈足器。陶器以手制为主，出现慢轮修整的技术，以夹砂陶为主，有少量泥质陶。纹饰以附加堆纹和刻划纹为多，并有少量乳钉、篦刮、锥刺、压划纹等，出现了简单的刻划符号。

带盖褐陶鼎

新石器时代北辛文化
通高37.5厘米，口径23.5厘米
一级文物
滕州市官桥镇北辛遗址出土
滕州市博物馆

褐陶罐形鼎

新石器时代北辛文化
高31.2厘米，口径11.2厘米
一级文物
滕州市官桥镇北辛遗址出土
滕州市博物馆

三足陶釜

新石器时代北辛文化
高28.4厘米，口径34.2厘米
滕州市官桥镇北辛遗址出土
滕州市博物馆

　　大汶口文化距今6100—4600年，是一支新石器时代晚期考古学文化，因1959年泰安大汶口墓地的发掘而得名，分布于黄河下游的山东、苏北、皖北、豫东等地区。

　　重要考古遗址有泰安大汶口、曲阜西夏侯、邹县野店、兖州王因、枣庄建新、茌平尚庄、广饶五村、胶州三里河、诸城呈子、长岛北庄、莒县陵阳河、日照东海峪、邳县刘林、新沂花厅、蒙城尉迟寺等。发现的遗迹有灰坑、房址、夯土台基、城址、墓葬、陶窑等。目前已发现大汶口文化房屋约几百座，半地穴或浅地穴式，平面形状有圆形、圆角方形、长方形，面积不大，一般10余平方米，小者3—4平方米，大者近30平方米。墓葬为长方形土坑竖穴墓，盛行仰身直肢葬，成人中普遍存在拔除侧门齿、头骨枕骨变形、口含小球、齿弓变形、手握獐牙或獐牙勾形器的习俗。大汶口文化中晚期，无论是墓坑规模，还是随葬品数量和质量，都出现了明显的差别，表明这一时期社会贫富分化已开始出现，并逐渐加重。如大汶口遗址M2019出土器物多达96件，另有獐牙、猪下颌骨等；而同一时期的另一组墓葬则只有几件随葬品，甚至没有随葬品，这预示着社会财富分配不均。在胶州三里河、枣庄建新、蒙城尉迟寺、即墨北阡、蓬莱大仲家等遗址中都发现粟类作物残迹，同时还发现多个遗址中有稻作的遗存，甚至在日照徐家村和蒙城尉迟寺遗址同时发现了粟、黍、稻多种粮食作物，充分显示大汶口文化时期农业规模的扩大和发展。大量猪骨或猪下颌骨以及猪形、狗形陶塑的发现，显示这一时期猪、狗家畜饲养之普遍。猪下颌骨也是当时财富的象征物。

　　此时陶器制作以手制和轮制相结合，有的器物部件还采用了模制法。到大汶口文化晚期轮制技术得到逐步推广和普及，并出现了先

进的快轮拉坯技术。早期以红陶为主，晚期黑皮陶和黑陶比例较高。器表以素面为主，常见器型有鼎、觚形杯、豆、鬶、盉、背壶、高柄杯、罐、钵、壶、盆、瓶、筒形杯、匜、甗、甑、器盖、器座、漏器等，其中陶鬶、背壶、高柄杯等是大汶口文化的标志性器物。大汶口文化彩陶和白陶最具特色。海岱地区的彩陶受中原史前文化影响而产生，最早出现于北辛文化时期，大汶口文化时期十分流行，其原料多为泥质陶土，制坯后将器表进行磨光，并着一层红色或白色陶衣，最后用天然赭石作染料绘制图案入窑烧造而成。也有少部分是陶器烧好后再上色，这种称为彩绘陶。彩陶的主要器型有钵、鼎、壶、豆、背壶、盉、杯、盆、罐、觚形杯等，色彩有黑、白、红、褐、赭、黄等，花纹图案母题以植物和几何纹为主，常见有花瓣纹、八角星纹、勾连回旋纹、菱形纹、云雷纹、水波纹、太阳纹、圆点纹、网纹、连弧纹、折线纹、弧线三角纹等。大汶口遗址出土的八角星纹彩陶豆、花瓣纹彩陶鼓、云雷纹彩陶釜，王因遗址出土的彩陶钵等都是典型代表作品。白陶出现在大汶口文化晚期，以高岭土为原料制作而成，外表呈白色或灰白色，器型以鬶、杯、背壶为常见。

彩
陶

彩陶壶

新石器时代大汶口文化

高15.4厘米，口径7.2厘米，腹径11.5厘米，
底径5.5厘米

一级文物

茌平县尚庄遗址出土

聊城中国运河文化博物馆

彩陶鼎

新石器时代大汶口文化

高24.5厘米，口径15.3厘米，底径9厘米

二级文物

广饶县傅家遗址出土

东营市历史博物馆

单耳彩陶杯

新石器时代大汶口文化
高15.3厘米，口径8.9厘米，底径8厘米
二级文物
广饶县傅家遗址出土
东营市历史博物馆

网纹彩陶壶

新石器时代大汶口文化
高17.5厘米，口径7.4厘米，腹径14.5厘米，
底径6.4厘米
一级文物
1959年泰安大汶口遗址出土
山东博物馆

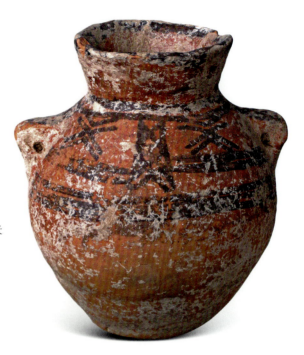

彩绘双耳红陶壶

新石器时代大汶口文化

高16.4厘米，口径8.2厘米，底径5.9厘米

桓台县李寨遗址出土

桓台博物馆

彩绘双耳黑陶壶

新石器时代大汶口文化

高18.2厘米，口径9.9厘米，底径7.2厘米

桓台县李寨遗址出土

桓台博物馆

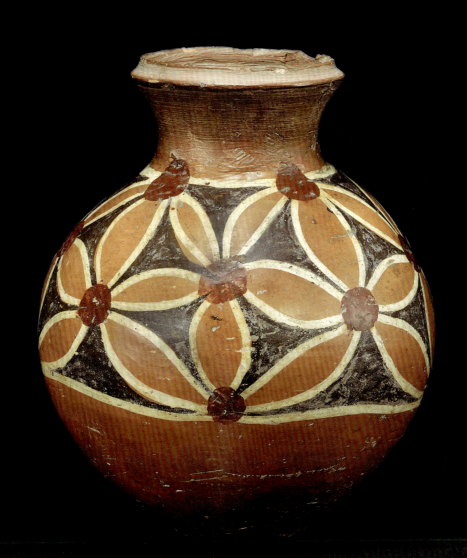

彩陶壶

新石器时代大汶口文化
高16.3厘米，口径6.3厘米，底径3.6厘米
1974年泰安大汶口遗址出土
山东省文物考古研究所

彩陶钵

新石器时代大汶口文化
高11.2厘米，口径18.5厘米，
底径6.6厘米
1978年泰安大汶口遗址出土
山东省文物考古研究所

云雷纹彩陶釜

新石器时代大汶口文化
高31厘米，口径33厘米，底径9.5厘米
1978年泰安市大汶口遗址出土
山东省文物考古研究所

云雷纹彩陶豆

新石器时代大汶口文化
高21厘米，口径19.2厘米，底径13.5厘米
1974年泰安大汶口遗址出土
山东省文物考古研究所

叶脉纹彩陶杯

新石器时代大汶口文化
高16.8厘米，口径12.4厘米，底径7.45厘米
一级文物
济宁市兖州区王因遗址出土
济宁市博物馆

彩陶鼓

新石器时代大汶口文化
高40.3厘米，通宽30.5厘米
1974年泰安大汶口遗址出土
山东省文物考古研究所

红
陶

陶鼓

新石器时代大汶口文化
高50.5厘米，口径27厘米
三级文物
1985年广饶县五村遗址出土
东营市历史博物馆

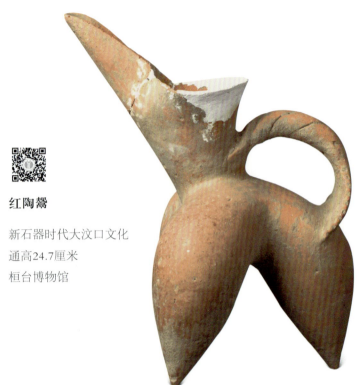

红陶鬶

新石器时代大汶口文化

通高24.7厘米

桓台博物馆

双錾红陶鬶

新石器时代大汶口文化

通高25.7厘米

桓台县李寨遗址出土

桓台博物馆

夹砂红陶鬶

新石器时代大汶口文化

通高19.5厘米，腹径15厘米

一级文物

安丘市博物馆

夹砂红陶鬶

新石器时代大汶口文化

通高28厘米，腹径13厘米

一级文物

安丘市博物馆

白陶

箅状封口白陶鬶

新石器时代大汶口文化

高23厘米，口径最大9.6厘米，腹径最大12厘米，流长3.6厘米

一级文物

莒县陵阳河遗址出土

莒县博物馆

双錾白陶鬶

新石器时代大汶口文化

通高34厘米，口径最大10.8厘米，腹径最大15.2厘米

一级文物

莒县陵阳河遗址出土

莒县博物馆

白陶鬶

新石器时代大汶口文化
高23厘米，口长径14.9厘米，腹径16.4厘米
一级文物
1959年泰安大汶口遗址出土
山东博物馆

白陶鬶

新石器时代大汶口文化
高16.5厘米，口径6厘米，流长10.5厘米
三级文物
1974年长清县万德南遗址出土
济南市长清区博物馆

白陶杯

新石器时代大汶口文化
高12厘米，口径10厘米，足径8.8厘米
三级文物
莒县陵阳河遗址出土
莒县博物馆

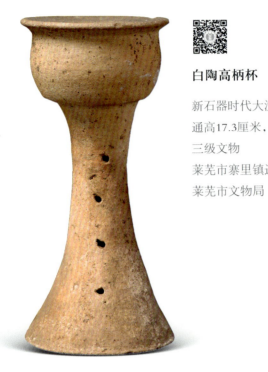

白陶高柄杯

新石器时代大汶口文化

通高17.3厘米，口径7.8厘米，底径8厘米

三级文物

莱芜市寨里镇边王许村出土

莱芜市文物局

单把白陶杯

新石器时代大汶口文化

高10.2厘米，口径7.2厘米，底径5.5厘米

二级文物

1959年泰安大汶口遗址出土

山东博物馆

白陶背壶

新石器时代大汶口文化

高20厘米，口径10.8厘米，底径6.8厘米

一级文物

1959年泰安大汶口遗址出土

济南市博物馆

灰
陶

灰陶高柄壶

新石器时代大汶口文化

高29.4厘米，口径7.3厘米，
腹径31.4厘米，底径7.2厘米

一级文物

1975年胶县三里河遗址出土

潍坊市博物馆

刻符灰陶尊

新石器时代大汶口文化
高52厘米，口径34.5厘米
一级文物
莒县博物馆

刻符灰陶尊

新石器时代大汶口文化

高57.5厘米，口径29.5厘米

一级文物

莒县陵阳河遗址出土

莒县博物馆

陶尊外壁图像符号

刻符灰陶尊

新石器时代大汶口文化
高43.5厘米，口径38.5厘米，底径5厘米
一级文物
莒县陵阳河遗址出土
莒县博物馆

黑陶高柄杯

新石器时代大汶口文化
高21.8厘米，口径7.7厘米，底径6.1厘米
一级文物
1975年胶县三里河遗址出土
潍坊市博物馆

黑
陶

镂空黑陶高柄杯

新石器时代大汶口文化
高30厘米，口径9厘米
二级文物
费县薛庄镇城阳村出土
费县历史文物管理所

黑陶高柄杯

新石器时代大汶口文化
高17厘米，口径7.3厘米，底径5.8厘米
一级文物
1975年胶县三里河遗址出土
潍坊市博物馆

黑陶高柄杯

新石器时代大汶口文化
高21.5厘米，口径7.2厘米，底径6厘米
一级文物
1975年胶县三里河遗址出土
潍坊市博物馆

黑陶高柄杯

新石器时代大汶口文化

高19.7厘米

三级文物

即墨市移风店镇徐家沟遗址出土

即墨市博物馆

带流黑陶罐

新石器时代大汶口文化

高22.5厘米，口径11.5厘米，

腹径16厘米，底径7.4厘米

二级文物

莒县大朱家村遗址出土

莒县博物馆

黑陶高柄杯

新石器时代大汶口文化

高22.3厘米，口径7.3厘米，底径6.5厘米

三级文物

莒县杭头遗址出土

莒县博物馆

龙山文化距今4600—4000年，是一支以黑陶为重要特征的新石器时代晚期末段考古学文化，其发现和确立源于20世纪30年代中国第一代考古学家对章丘龙山镇城子崖遗址的发掘。龙山文化范围涵盖山东全境、苏北、皖北、河南东部和辽东半岛南部等地区。目前山东境内龙山文化已经发现遗址多达1000余处，经过发掘的有近70处，重要的有章丘城子崖、邹平丁公、临淄桐林、寿光边线王、潍坊姚官庄、临朐西朱封、日照两城镇、日照东海峪、日照尧王城、五莲丹土、泗水尹家城、兖州西吴寺、阳谷景阳冈、栖霞杨家圈等。

龙山文化的遗迹有城址、房址、灰坑、墓葬、祭祀遗迹、水井等。夯土城址的大量出现是山东地区龙山文化的一个显著特点，山东迄今已发现十余座龙山文化时期的城址，经过发掘和勘探的重要城址有城子崖、丁公、桐林、边线王、景阳冈、丹土和两城镇等。边线王城址有内外相套的两个城圈，丹土城址有大汶口文化及龙山文化早期、龙山文化中期的三个城圈。龙山文化的城址分为环壕城和台城两种，前者以丁公为代表，后者以城子崖为代表。房址有半地穴式、地面式、台基式建筑三种，形状有圆形、方形和长方形，除少数连间排房，多数为单间，有用白灰涂抹墙壁的做法。台基式房址出现较晚，是历史时期夯土高台建筑的雏形，反映了当时建筑技术的进步。考古发掘的龙山文化墓葬数量较多，按规模可以分为大、中、小、狭小四种墓葬形式，贫富分化十分严重，随葬品中还出现了明器和礼器，明器一般小而粗糙，礼器则制作精良。

从多样的生产工具、丰富的动植物遗存得知，龙山文化时期出现了稻、粟、黍、小麦、大麦等"五谷"种植，猪、狗、牛、羊等家畜饲养十分普遍，农业和家畜饲养业的高度发展为手工业、建筑业、礼仪祭

祀、对外战争提供了坚实的物质基础。龙山文化出现了"文字"、"城堡"、"青铜器"、"礼仪性建筑"等多种文明因素，已迈入文明社会。

龙山文化陶器分为夹砂陶和泥质陶两类，夹砂陶主要有鼎、陶鬶、甗、罐、匜、器盖等，泥质陶有瓮、盆、盘、豆、杯等，还有经过反复淘洗的细泥陶，如薄胎高柄杯、单把杯等。陶色分为灰、黑、褐、红、白五种，以黑陶和灰陶为主，尤其以磨光泥质黑陶最具代表性。普遍使用快轮拉坯成型技术，器形十分规整和匀称，一些小的附件，如耳、把手、足等采用手工捏塑而成。器表以素面为主，常见纹饰有凹凸弦纹、附加堆纹、刻划纹、竹节纹、篮纹、方格纹、绳纹、镂孔等。器类丰富，从炊煮器到饮食器再到盛储器，共二三十类，主要有鼎、鬶、甗、鬲、甑、罐、杯、盆、盒、瓮、豆、高柄杯、觚形杯、尊、觚、壶、罍、钵、碗、匜、器盖等，其中以鼎、鬶、甗、罐、盆为日常生活的主要器具。

山东史前的制陶技术在龙山文化时期达到顶峰，体现在以下四个方面。一，快轮拉坯成型技术的普查使用，使制作效率提高，器形更加规整并富于变化，轮制成型后又普遍加以磨光，蛋壳陶高柄杯采用拉坯与车制相结合成型。二，陶土的选择更加仔细和有针对性，如采用淘洗非常细腻的陶土制成的磨光黑陶和蛋壳黑陶器，采用高岭土高温烧制成的白陶器等。三，烧造工艺的进步，普遍采用了封窑还原和渗碳技术，使黑陶大为盛行；而渗入烟炱（炭灰）工艺，用匣钵装置烧制的蛋壳黑陶高柄杯，则使这一技术的运用达到巅峰，并开启了后世用匣钵烧制细瓷的先河。四，器形规整，造型统一，显示出专业化生产的特点。工艺精湛、造型优美的龙山文化陶器每件都不失为实用性和艺术性完美结合的典范，尤其是薄如蛋壳、漆黑光亮的黑陶高柄杯已脱离实用的范畴，演变为专用礼器，堪称稀世珍品，是史前制陶技术达到巅峰的代表作品。

黑陶鼎

新石器时代龙山文化
高16.3厘米，口径21厘米
淄博市临淄区田旺遗址出土
山东省文物考古研究所

黑陶鼎

新石器时代龙山文化
高15.5厘米，口径17.4厘米
章丘市城子崖遗址出土
章丘市城子崖遗址博物馆（龙山文化博物馆）

带盖黑陶鼎

新石器时代龙山文化
高22厘米，口径16.2厘米
二级文物
临朐县城关街道西朱封遗址出土
山东临朐山旺古生物化石博物馆

黑陶盆形鼎

新石器时代龙山文化

高18.8厘米，口径26厘米

一级文物

1960年潍坊姚官庄遗址出土

山东博物馆

黑陶盆形鼎

新石器时代龙山文化

高22.5厘米，口径33厘米

一级文物

1978年诸城呈子遗址出土

诸城市博物馆

陶罐形鼎

新石器时代龙山文化

高19.4厘米，口径13厘米

三级文物

日照市博物馆

黑陶盘形鼎

新石器时代龙山文化

高9.8厘米，口径20.6厘米

二级文物

五莲县丹土遗址出土

五莲县博物馆

灰陶鬲

新石器时代龙山文化

高45.5厘米，口径36厘米

二级文物

日照市两城镇遗址出土

日照市博物馆

黑陶甗

新石器时代龙山文化

通高40.6厘米，口径21.3厘米

章丘市城子崖遗址出土

章丘市城子崖遗址博物馆（龙山文化博物馆）

灰陶甗

新石器时代龙山文化

高37.2厘米，口径19.8厘米

三级文物

日照市两城镇遗址出土

日照市博物馆

红陶鬶

新石器时代龙山文化

通高41厘米

章丘市城子崖遗址出土

章丘市城子崖遗址博物馆（龙山文化博物馆）

白陶鬶

新石器时代龙山文化

通高42.6厘米

三级文物

淄博市周村区文物管理所

白陶鬶

新石器时代龙山文化
通高43.7厘米，口径10.9厘米
二级文物
日照市博物馆

白陶鬶

新石器时代龙山文化
通高43厘米
济宁市兖州区西吴寺遗址出土
山东省文物考古研究所

红陶鬶

新石器时代龙山文化

通高35.2厘米

三级文物

淄博市陶瓷博物馆

黑陶鬶

新石器时代龙山文化

通高27.2厘米，口径9.7厘米

二级文物

日照市两城镇遗址出土

日照市博物馆

带盖褐陶鬶

新石器时代龙山文化
通高32.7厘米，口径12.8厘米
三级文物
临朐县城关街道西朱封遗址出土
山东临朐山旺古生物化石博物馆

双层口沿白陶鬶

新石器时代龙山文化
通高36.8厘米，口径5.8厘米
一级文物
临沂市河东区相公镇大范庄遗址采集
临沂市博物馆

褐陶鬶

新石器时代龙山文化
通高36.8厘米，口径11.6厘米
三级文物
沂水县院东头刘家店子出土
沂水县博物馆

黄陶鬶

新石器时代龙山文化
通高29.9厘米，腹长19.5厘米，足高7厘米
二级文物
1960年潍坊姚官庄遗址出土
山东博物馆

黑陶壶

新石器时代龙山文化
高14厘米，口径8厘米，底径6厘米
三级文物
广饶县原花园乡前安德遗址出土
东营市历史博物馆

黑陶觯形壶

新石器时代龙山文化
高15厘米，口径6.8厘米，底径5.7厘米
桓台县李寨遗址出土
桓台博物馆

弦纹黑陶壶

新石器时代龙山文化
高21.1厘米，口径7.1厘米，腹径12.5厘米，
底径7.1厘米
一级文物
1978年诸城呈子遗址出土
诸城市博物馆

黑陶觯形杯

新石器时代龙山文化
高15厘米，口径8厘米，底径7.1厘米
二级文物
广饶县营子遗址出土
东营市历史博物馆

黑陶觯形杯

新石器时代龙山文化
高13.9厘米，口径7.4厘米，底径4.9厘米
三级文物
临沭县临沭街道办事处寨子村遗址出土
临沭县文物保护管理所

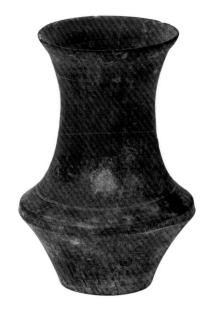

单耳黑陶杯

新石器时期龙山文化
高13.5厘米，口径9厘米，底径9.2厘米
章丘市城子崖遗址出土
章丘市城子崖遗址博物馆（龙山文化博物馆）

单耳黑陶杯

新石器时代龙山文化
高13.1厘米，口径7.7厘米
二级文物
临沂市河东区相公镇大范庄遗址采集
临沂市博物馆

双耳黑陶杯

新石器时代龙山文化
高10.7厘米，口径8厘米，底径5.6厘米
一级文物
日照市博物馆

蛋壳黑陶高柄杯

新石器时代龙山文化
高19.2厘米，口径9.7厘米，底径5.1厘米
一级文物
日照市博物馆

蛋壳黑陶杯

新石器时代龙山文化
高13.3厘米，口径10.3厘米，底径5.9厘米
1999年莒县东莞孟家洼遗址出土
莒县博物馆

竹节纹蛋壳黑陶高柄杯

新石器时代龙山文化

高21.57厘米，口径12.85厘米，
底径6.6厘米

一级文物

临朐县城关街道西朱封遗址出土

山东临朐山旺古生物化石博物馆

竹节纹蛋壳黑陶高柄杯

新石器时代龙山文化

高17.7厘米，口径10.7厘米，底径6.7厘米

一级文物

临朐县城关街道西朱封遗址出土

山东临朐山旺古生物化石博物馆

蛋壳黑陶高柄杯

新石器时代龙山文化

高17.8厘米，口径8.4厘米，底径4.6厘米

一级文物

1985年泗水县尹家城遗址出土

山东大学博物馆

蛋壳黑陶高柄杯

新石器时代龙山文化

高27厘米，口径9厘米，底径4.7厘米

1973年日照东海峪遗址出土

山东省文物考古研究所

黑陶盆

新石器时代龙山文化
高13.8厘米，口径22.4厘米，底径18.8厘米
章丘市城子崖遗址出土
山东省文物考古研究所

黑陶尊

新石器时代龙山文化
高29.5厘米，口径45厘米，
腹径48厘米，底径15厘米
章丘市城子崖遗址出土
章丘市城子崖遗址博物馆（龙山文化博物馆）

菱形纹双系黑陶瓮

新石器时代龙山文化

高 54厘米，口径31.5厘米，腹径48.5厘米，底径
16厘米

章丘市城子崖遗址出土

章丘市城子崖遗址博物馆（龙山文化博物馆）

黑陶罍

新石器时代龙山文化

高25.3厘米，口径10.2厘米，底径10.6厘米

淄博市临淄区田旺遗址出土

山东省文物考古研究所

四耳黑陶罍

新石器时代龙山文化

高15.4厘米，口径7.1厘米，腹径18.5厘米

一级文物

1978年诸城呈子遗址出土

诸城市博物馆

双耳陶罐

新石器时代龙山文化

高16.7厘米，口径9.7厘米，底径7.5厘米

一级文物

日照市博物馆

黑陶熏炉

新石器时期龙山文化

高9.8厘米，口径8.5厘米，底径8厘米

章丘市城子崖遗址出土

章丘市城子崖遗址博物馆（龙山文化博物馆）

线刻画纹灰褐陶器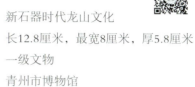

新石器时代龙山文化

长12.8厘米，最宽8厘米，厚5.8厘米

一级文物

青州市博物馆

黑陶蚌形响器

新石器时代龙山文化

直径7.5厘米，厚6.4厘米

一级文物

青岛市黄岛区大场镇西寺遗址出土

青岛市黄岛区博物馆

黑陶蚌形响器

新石器时代龙山文化

直径8.9厘米，厚4.4厘米

二级文物

日照市经济技术开发区东海峪遗址出土

日照市博物馆

古今对玉的判别标准有较大的差别，东汉《说文解字》释为"玉，石之美者"，通俗地讲，玉就是美丽的石头。这是广义上的玉，包括今天并不认为是玉范畴的玛瑙、水晶、石英、绿松石、煤精、大理石等多种美石。中国自古对玉器十分偏爱，不仅因为玉器的天然美感，还因为玉器蕴含了丰富的人文精神，它包含了宗教、政治、审美及伦理道德等多方面内容，如"君子比德于玉"、"不执圭者，未成国也"，既可形容个人品质，也可以象征国家。古人判别玉器优劣标准是"首德次符"，"符"指玉的质地色泽，可知德的象征意义高于材质，注重的是人文精神内涵。

中国真正的玉器大约产生于距今一万年前后，目前山东最早的玉器发现于距今8000年左右的后李文化时期，大汶口文化和龙山文化时期，玉器制作较为繁荣。不过，史前时期玉器是高端的消费品，总体数量并不多，绝大多数出土于等级较高的墓葬之中，且相对集中。因此，玉器制作虽然脱胎于石器，甚至有的器形与石器十分肖似，但玉器制作工艺更为复杂，技术含量更高，是史前时期十分特殊的工种，专门服务于上层社会。根据其用途，史前玉器主要有两大类，一是装饰品，如簪、笄等头饰，镯、环等手饰，串饰、坠等；二是礼器，又可细分为代表权力的仪仗器和具有神秘色彩的祭祀器。仪仗器有斧、钺、铲、刀等，与同类石器的形状几乎一个模样，但两者功能有着天壤之别。这些玉器制作十分精致，刃部多无使用的痕迹，不是实用的工具或兵器，而是权杖的象征，主要出土于大型男性墓葬之中。祭祀器则有瑞圭（玉璋）、璇玑、琮等，用于祭祀祖先和天地，其中瑞

圭、璇玑形状较为特异，学者对其解释也是莫衷一是。但有时装饰品和礼器并不能截然分开，临朐西朱封龙山文化一座大墓中出土了一件玉簪，簪首为一戴皇冠的神人形状，透雕镂空，上镶绿松石，其下为竹节状，既是实用的头饰，亦具有神秘性，其制作工艺和艺术效果也堪为中国史前玉器集大成者。总体而言，山东史前玉器具有自身的特点，一是斧钺仪仗器较为流行，二是绿松石镶嵌技术较为发达，三是璋、璇玑发源于此，四是开片技术十分发达，能制作大而薄的玉器。如龙山文化时期一件玉刀，长51厘米，宽22厘米，厚仅0.3厘米，如此薄的大型片状器是如何切割出来的？令人匪夷所思。史前时期玉器的玉料大多就地取材，不过山东地区玉器来源更复杂一些。山东大汶口文化、龙山文化玉器成分多为硅质、石英、透闪石、阳起石，部分玉料来自本地，部分来自辽宁岫岩，也有部分来自南方的浙江一带。这也是史前社会南北文化交流频繁的实物证据。

　　大汶口文化距今6100—4600年，是一支新石器时代晚期考古学文化。

　　大汶口文化玉器加工技术逐渐精致化，从琢制为主、局部磨制，到器表通体磨制，有的还采用了抛光工艺，并出现了管钻穿孔技法，使器物表面光滑，器形更加规整。大汶口文化玉器分礼器和装饰品两种，礼器有仿石器工具的玉铲、玉钺、玉刀，也有祭祀用的玉钺、玉琮、玉璧、玉璇玑等；装饰品主要有玉坠、玉环、玉佩等。目前大汶口文化玉器主要发现于泰安大汶口、莒县陵阳河、莒县大朱村、莒县杭头、五莲县丹土、章丘市焦家等史前文化遗址。

石铲

新石器时代大汶口文化

长15.3厘米，宽10.9厘米

二级文物

莒县陵阳河遗址出土

莒县博物馆

玉铲

新石器时代大汶口文化

长14.7厘米，宽7厘米，厚0.91厘米

一级文物

五莲县丹土遗址出土

五莲县博物馆

玉铲

新石器时代大汶口文化

长30.3厘米，宽13.5厘米，厚0.8厘米

一级文物

五莲县丹土遗址出土

五莲县博物馆

三刃石钺

新石器时代大汶口文化
长18.6厘米，宽16.6厘米
二级文物
莒县大朱家村遗址出土
莒县博物馆

黄玉铲

新石器时代大汶口文化
长17.8厘米，宽7.2厘米，厚0.4厘米
一级文物
1959年泰安大汶口遗址出土
山东博物馆

双孔玉钺

新石器时代大汶口文化
长12.4厘米，宽8.4厘米，厚0.6厘米
一级文物
五莲县丹土遗址出土
五莲县博物馆

玉钺

新石器时代大汶口文化

长13.5厘米，上宽2.3厘米，下宽6.5厘米，厚0.3—1.2厘米

一级文物

五莲县丹土遗址出土

五莲县博物馆

嵌绿松石玉钺

新石器时代大汶口文化

长31.3厘米，宽18.3厘米，厚0.3厘米

一级文物

五莲县丹土遗址出土

五莲县博物馆

玉扁形琮

新石器时代大汶口文化
边长12.6厘米，孔径6.5厘米，厚0.8厘米
一级文物
莒县陵阳镇杭头遗址出土
莒县博物馆

玉琮

新石器时代大汶口文化
高4.5厘米，直径7.3厘米
一级文物
费县薛庄镇城阳村出土
费县历史文物管理所

玉环

新石器时代大汶口文化
直径14.9厘米，孔径6.6厘米，厚1.4厘米
三级文物
莒县陵阳河遗址出土
莒县博物馆

玉镯

新石器时代大汶口文化
高5厘米，直径7厘米，壁厚0.5厘米
一级文物
五莲县丹土遗址出土
五莲县博物馆

玉玲

新石器时代大汶口文化
长4厘米，宽1厘米，厚1厘米
一级文物
潍坊市博物馆

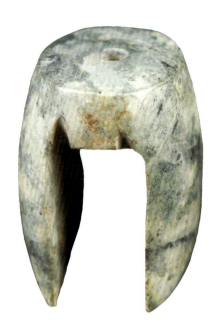

玉工具

新石器时代大汶口文化
高5.3厘米，顶长4.3厘米，顶宽3.3厘米
一级文物
诸城市前寨遗址出土
诸城市博物馆

砭石

新石器时代大汶口文化
长6.3厘米，直径0.7厘米
三级文物
莒县大朱家村遗址出土
莒县博物馆

玉串饰

新石器时代大汶口文化

环径3—5.1厘米

1971年邹县野店遗址出土

山东博物馆

　　龙山文化距今4600—4000年，是一支以黑陶为重要特征的新石器时代晚期末段的考古学文化。

　　玉器是奢侈品，主要发现于中心遗址的大型墓葬之中，如临朐西朱封、潍坊姚官庄、胶县三里河、日照尧王城、五莲丹土、日照两城镇等遗址。这一时期的制玉工艺水平较高，可分为选材、切割、磨制、抛光、雕镂、钻孔、刻纹等多道程序，加工过程复杂而专业化。玉器分为礼器和饰品两类，常见有玉钺、玉圭、玉刀、玉锛、玉璧、玉璇玑、玉镯、玉簪、玉璜、玉环、玉珠、玉锥形器、玉串饰等。西朱封大墓出土的一件玉冠饰，由镂孔镶嵌绿松石的玉牌和竹节纹的玉杆组成，通体雕镂精致，造型精美，代表了龙山文化制玉工艺的最高水平；山东博物馆收藏的双面刻兽面纹玉圭也是龙山时代玉器的杰作。

石铲

新石器时代龙山文化
长14.7厘米，上宽7.7厘米，
下宽8.7厘米，厚1.1厘米
二级文物
日照市博物馆

穿孔玉铲

新石器时代龙山文化
长13.8厘米，宽7.6厘米，厚1.4厘米
一级文物
济南市博物馆

双孔玉铲

新石器时代龙山文化
长9.6厘米，宽6厘米，厚0.6厘米
一级文物
临沂市罗庄区户台遗址出土
临沂市博物馆

兽面纹玉圭

新石器时代龙山文化

长17.8厘米，宽5厘米，厚0.5厘米

一级文物

1963年日照两城镇征集

山东博物馆

瑞圭

新石器时代龙山文化
长32.8厘米，刃部宽9.8厘米，厚0.85厘米
一级文物
临沂市博物馆

瑞圭

新石器时代龙山文化
长33.5厘米，宽4.5厘米，厚0.6厘米
一级文物
五莲县石场乡上万家沟村出土
五莲县博物馆

瑞圭

新石器时代龙山文化

长24.8厘米，宽6厘米，厚0.9厘米

一级文物

沂南县岸堤镇罗圈崖出土

沂南县博物馆

瑞圭

新石器时代龙山文化

长27.6厘米，宽7.4厘米，厚0.6厘米

一级文物

海阳市行村镇杜格庄村出土

海阳市博物馆

石钺

新石器时代龙山文化
长90厘米，宽65厘米，厚6厘米
二级文物
禹城市市中街道后马屯河采集
禹城市文化馆

玉刀

新石器时代龙山文化
长51厘米，宽22厘米，厚0.3厘米
一级文物
五莲县丹土遗址出土
五莲县博物馆

玉璇玑

新石器时代龙山文化
外径12.71厘米，内径6.6厘米
一级文物
五莲县丹土遗址出土
五莲县博物馆

玉璇玑

新石器时代龙山文化
外径10.8厘米，内径5.3厘米，厚0.6厘米
一级文物
临朐县城关街道西朱封遗址出土
山东临朐山旺古生物化石博物馆

玉璇玑

新石器时代龙山文化
外径15.2厘米，内径6.15厘米，厚0.8厘米
三级文物
济南市博物馆

玉琮

新石器时代龙山文化

高3.4厘米，内径6.3厘米，射高2.1厘米

一级文物

五莲县丹土遗址出土

五莲县博物馆

玉镯

新石器时代龙山文化

高2.8厘米，内直径5.45厘米，壁厚0.55厘米

沂南县岸堤镇罗圈崖出土

沂南县博物馆

玉人饰

新石器时代龙山文化
高5.7厘米，宽3.6厘米
一级文物
济南市历城区大辛庄遗址出土
山东大学博物馆

夏商周——齐鲁之邦

沂水县刘家店春秋墓出土铜器展览

山东素称齐鲁大地，源于两周时期两个诸侯古国——齐和鲁。西周初，为巩固王朝统治，"封建亲戚以藩屏周"，对宗亲和功臣大举分封，文献中有说分封71国，也有说分封800国，已难考证。其中齐、鲁是周代首封和次封的两个诸侯国，也是最重要、最有代表性的同姓和异姓诸侯国。

齐国地位十分重要，是西周初年分封最早的诸侯国，也是最大的异姓诸侯国，第一位国君是周朝立国功臣姜太公，在其励精图治之下，齐国逐步走上了富民强国之路，成为国力最为强盛的诸侯国；春秋时期曾为五霸之首，战国时期位居七雄之一。齐国最辉煌的时期是齐桓公在位期间，任用贤相管仲富国强兵，打着"尊王攘夷"的旗号，"九合诸侯、一匡天下"。战国末期齐国逐渐衰落，于公元前221年为秦国所灭，存世约840年，是周代立国最久的一个诸侯国。齐国都城最早在营丘，后迁都薄姑，最后定都临淄。据考古勘探，临淄故城呈不规则长方形，面积约15平方公里，是先秦列国中最大的城市之一，也是经济、文化最繁荣的城市。灭国后，都城临淄还继续为秦汉时期所使用。稷下学宫是齐国对后世最重要的文化贡献之一，以优厚的待遇，招揽天下有识之士著书立说，真正体现了百家争鸣、百花齐放的自由氛围。齐国稷下之学，在先秦诸侯国中独一无二；在后世两千多年的历代王朝中，再也未出现过类似学术自由的氛围。

鲁国第一代国君是周武王的弟弟周公旦，曾辅佐年幼的成王，尽心尽力，排除内忧外患，并在周成王二十岁时主动还政于他，由此名垂青史。鲁国的地位非常特殊，虽然当时规定"诸侯不得祖天子"，但是

鲁国可以祭祀天子，"有天子礼乐"，周朝赋予鲁国这些特权就是为了褒奖周公之德。因此，其他诸侯国也对鲁国十分尊重。鲁国虽然具有政治上的优势，但经济、军事并不发达，只在春秋初期一度强盛，大部分时间国力不强。东周时期"礼崩乐坏"，鲁国逐渐衰败，甚至名存实亡，公元前256年被楚国所灭，前后存世约810年。鲁国都城在曲阜，20世纪70年代，考古工作者勘探了鲁国故城，平面为不规则的长方形，面积约10平方公里。鲁国对后世产生最深远影响的是儒学，这里诞生了圣人孔子，是儒学的发源地和中心，儒学不仅是鲁文化的核心，也是中华文化的精髓。

西周分封齐、鲁诸侯国之前，山东大地早就存在众多邦国。早期所谓的"国"，是以氏族血缘关系为纽带，带有原始部落特征的、各自独立的居民集团。古史传说的五帝时代，中国境内已是万国林立。城市是国家文明最重要的标志，考古工作者已在全国范围内发现60余座大大小小的相当于五帝时代的距今5000—4000年间的古城址，其中一些城址可能就是某个古国的都城。山东史前时期的古城目前有十余座，阳谷景阳冈龙山文化城址面积约38万平方米，是目前山东最大的一座古城。夏商时期，山东古国具体数量难以考究，但依然很多，主要有几个大姓国别：一是太昊风姓国，文献记载的有9个，如济宁的任国、平邑的颛顼国等；二是炎帝姜姓国，文献记载的有28个，如日照吕国、临淄齐国、寿光纪国等；三是黄帝姬姓国和任姓国，文献记载的有10个，如滕州的滕国、薛国。周代分封国有同姓国和异姓国，其中山东境内同姓国有17个，如曲阜的鲁国、定陶的曹国等；异姓国则数量不可考，如临淄的齐国、莒县的莒国等。

大部分古国的历史，文献失载或语焉不详；可幸的是，考古发掘工作为后人揭开了古国神秘面纱的一角，不但可以解剖古国城池、建筑、墓葬等重要遗迹，还可以一件件展示古国留存的器物，它们犹如跃动的血液，重新注入古国体内，让寂灭千年之久的古国逐渐变得鲜活起来。山东夏商周文化特色，从史学角度而言，古国众多，齐、鲁两

国最具代表性；从文物角度而言，古国青铜器和礼乐器最有价值，是古国文献史的补充和延续。青铜器的制作不仅是社会生产发达的重要标志，也是礼制的重要载体。特别是周代，以祭祀时用鼎数量来规范等级和身份，天子用九鼎，诸侯用七鼎，大夫五鼎，士三鼎或一鼎，普通百姓不能用鼎。传说夏代时已铸九鼎，后来以九鼎指代王朝和国家。青铜器不仅用于祭祀，还制成各种实用器，如炊器鼎鬲甗、酒器觚觯爵、食器豆簋簠、武器戈戟钺、乐器钟铙镈等。这些丰富多彩的器皿汇集成了夏商周三代特有的青铜文明。

一、岳石之光

岳石文化距今4000—3500年，是继承龙山文化之后的东夷文化。"东夷"指古代"东方之人"，其创造的土著文化称为东夷文化，分布区域以山东为中心，包括邻省相邻地区，大致与山东地区其他商周时期的土著文化相对应。岳石文化的发现填补了山东考古学文化发展序列的一段空白，使山东地区新石器时代与青铜时代有机地连接在一起，对于探寻东夷文化的文化面貌和性质及夷夏、夷商关系具有重要意义。

20世纪30年代最早在章丘城子崖遗址发现岳石文化遗存，1960年又在平度东岳石遗址获得了一批岳石文化特征的器物，但均未被考古学家所认识。直到1985年著名考古学家严文明先生率先提出了岳石文化的命名，并推断该文化的居民应是夏代前后的夷人。目前已发现岳石文化遗址340余处，其分布以泰沂山系为中心向四周扩展，东至黄海，向西可达郑州地区，向南则越过长江进入太湖流域，北抵燕山。后期随着商文化的东进，岳石文化开始走向衰落，分布区域也逐渐向胶东半岛退缩。

章丘城子崖岳石文化城是最早发现的一座夏代城，面积约17万平方米，城墙采用版筑技术，代表了当时建筑技术的最高水平，也是迄今全国第一座历经龙山和夏代连续使用时间最长的早期城址。这里应是东夷部落的一处重要城堡。岳石文化时期出土的主要遗物为石器和陶器。石器数量多，种类丰富，特征也比较突出，制作技术与龙山文化基本相同并有所改进，反映出岳石文化的生产力水平要高于龙山文化。器型中最富有特色的是半月形双孔石刀和亚腰石斧。陶器器

形简单，制作粗糙，不如龙山文化陶器精美。但岳石文化总体上是进步的，特别是青铜器数量明显比龙山文化多，泗水尹家城遗址出土了岳石文化时期铜器14件，是目前为止出土这一时期铜器最多的一个遗址。所出铜器经鉴定，多数为铜、锡等合金的青铜，少数为铅青铜、红铜。器型有镞、刀、锥、环等，多经过铸造和锻打。镞是一种不可回收的武器，具有明显的消耗性，青铜镞的出现可以视作是青铜使用普及的标志，因而也说明岳石文化已经进入青铜时代。

石耜

岳石文化
长23.6厘米，宽10.7厘米，厚1.5厘米
二级文物
1982年广饶县城西北石村镇（现乐安街道）营子村出土
东营市历史博物馆

亚腰石斧

岳石文化
长12厘米，宽6厘米，厚5厘米
二级文物
平度市博物馆

陶甗

岳石文化
高33厘米，口径19.6厘米
1989年泗水县天齐庙遗址出土
山东省文物考古研究所

陶豆

岳石文化
高17厘米，口径20.2厘米，底径13.3厘米
1989年泗水县天齐庙遗址出土
山东省文物考古研究所

二、商风东渐

传说商族起源于山东，由东夷族玄鸟氏一支发展而来。盘庚迁殷之前，商王朝统治中心即在今鲁西南地区，后来曾多次用兵东夷，以致"纣克东夷而殒其身"。商王朝对山东统治的扩展，经历了一个由西向东逐渐发展的过程，但是受东方土著夷人的抵制。东夷人通过对聚居地区的开发，用自己的勤劳与智慧，创造和发展了具有鲜明地域特色的文明。随着商人东征和商文化向东扩张，山东商代文化特征被区分为商文化和东夷文化。山东商文化与中原商文化基本一致，同时又有地方特点。东夷文化为商代山东土著文化，与山东龙山文化、岳石文化有一脉相承的发展关系。无论是战争还是非战争的交流，商族和夷族之间不断摩擦、融合，对各自的文化都产生了深刻的影响，留下了不可磨灭的烙印。

山东商代时期的文物，主要包括青铜器、玉器、陶器、骨角牙器等。其中最具代表性的是青铜器。青铜器主要分为礼器、乐器、兵器、工具和车马器。礼器常见器型有鼎、鬲、爵、觚、簋等，兵器有钺、戈、镞、弓形器、矛、刀等，乐器主要有铙、铃等，工具主要有斧、锛、凿等，车马器有軎、马衔、马镳等。无论从种类、组合还是造型来看，均与中原地区商文化比较一致。而青州苏埠屯、滕州前掌大、济南大辛庄等重要遗址发现的铭文铜器，对于研究山东商代历史、古国族属等问题具有非常重要的意义。

青州苏埠屯商代墓地位于青州市东北10公里苏埠屯村东。1965年秋和1966年春，山东省博物馆先后两次组织人员对该遗址进行发掘。发掘的四座墓葬中，一号墓有四条墓道，平面形状呈"亚"字形，

殉人多达48具，是迄今为止除安阳殷墟商代王陵以外规模最大、规格最高的商代墓葬，出土了亚醜钺、原始青瓷豆等一大批珍贵文物。尤其是"亚醜"铭文铜器的出土，解决了困扰学术界多年的"亚醜"部族活动区域的问题。1986年山东省文物考古研究所再次对该遗址进行发掘，又有重要收获，出土了"亚醜"、"融"、"册融"铭文的铜器。青州苏埠屯一带应是商朝重要方国所在地。

云雷纹铜酉爵

商

通高19.5厘米

二级文物

宁阳县河洼遗址出土

宁阳县博物馆

鋬内腹上有族徽"酉"字。

云雷纹铜爵

商

通高21厘米

三级文物

邹平县小清河水利工地出土

邹平县文物管理所

铜爵

商
通高17.6厘米
三级文物
费县上冶镇双丘遗址出土
费县历史文物管理所

铜爵

商
通高22.5厘米
青州市苏埠屯墓地出土
山东省文物考古研究所

铜父辛爵

商
通高18厘米
桓台县史家遗址出土
桓台博物馆

兽面纹铜斝

商
通高23.1厘米，口径17.5厘米，底径13.5厘米
一级文物
1970年济南市大辛庄遗址出土
济南市博物馆

铜斝

商

通高34.5厘米，通宽23.6厘米，口径19.2厘米

青州市苏埠屯墓地出土

山东省文物考古研究所

铜父癸觚

商

高14厘米，口径11.2厘米，底径8.4厘米

桓台县史家遗址出土

桓台博物馆

饕餮纹铜宰甫卣

商

通高31.50厘米，通宽22.30厘米

一级文物

菏泽市博物馆

宰甫卣铭文

铜觯

商

通高18.9厘米，口长径8.8厘米，底径7.7厘米

青州市苏埠屯墓地出土

山东省文物考古研究所

弦纹铜鼎

商
高25厘米，口径15.5厘米
一级文物
济南市博物馆

铜鼎

商
通高18.6厘米，口长径14厘米，口短径11.3厘米
青州市苏埠屯墓地出土
山东省文物考古研究所

饕餮纹铜鼎

商
通高20厘米，口径16.4厘米
三级文物
邹平县小清河水利工地出土
邹平县文物管理所

兽面纹铜鼎

商
通高19.8厘米，口径14.4厘米
滕州市博物馆

铜举方鼎

商
通高23厘米，口长16厘米，口宽14.2厘米
一级文物
1963年长清县小屯村出土
山东博物馆

铜融方鼎

商
通高21.5厘米，口长17.3厘米
青州市苏埠屯墓地出土
山东省文物考古研究所

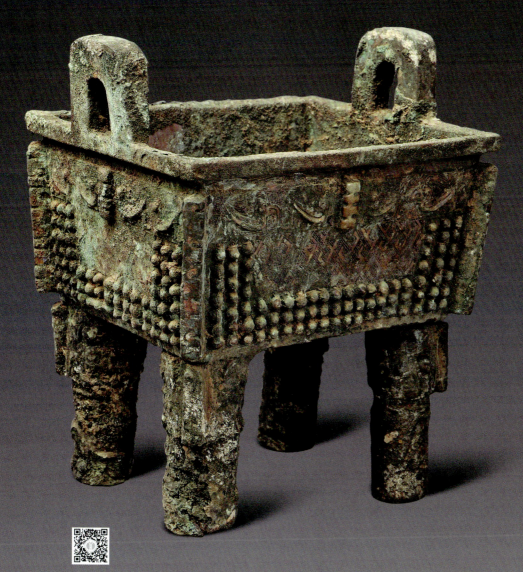

乳钉纹铜方鼎

商

通高21.2厘米，口长18厘米，口宽14厘米

二级文物

平阴县安城镇让庄铺遗址出土

平阴县博物馆

铜簋

商

高11.6厘米，口径16.5厘米，底径13.3厘米

一级文物

青岛市博物馆

铜簋

商

高18厘米，口径24.6厘米，底径17.6厘米

青州市苏埠屯墓地出土

山东省文物考古研究所

铜邓共尊彝盉

商
高25厘米，口径13.3厘米
一级文物
昌邑市博物馆

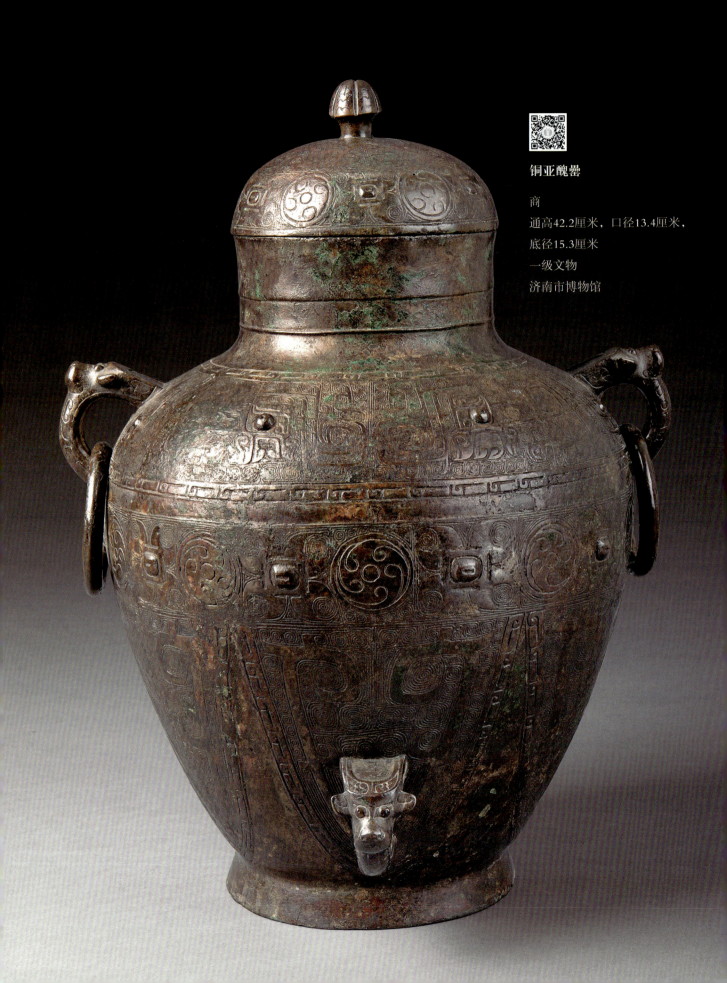

铜亚醜罍

商
通高42.2厘米，口径13.4厘米，
底径15.3厘米
一级文物
济南市博物馆

铜亚醜钺

商
长32.7厘米，刃宽34.5厘米
一级文物
青州市苏埠屯墓地出土
山东博物馆

铜钺

商
长33.8厘米，刃宽29.5厘米
莱西市沽河街道办事处前我乐村出土
莱西市博物馆

铜钺

商
长24厘米，刃宽13.3厘米，厚0.3厘米
青州市苏埠屯墓地出土
山东省文物考古研究所

"臣"字直内铜戈

商
通长26.8厘米，援长19.3厘米，宽4.6厘米，内长7.5厘米，内宽4厘米
二级文物
沂源县文物管理所

错金目纹銎内铜戈

商
长25厘米，最宽9.4厘米
二级文物
济南市博物馆

饕餮纹铜铙

商

通高23厘米

二级文物

沂源县文物管理所

嵌绿松石太阳纹铜弓形器

商

通长34.6厘米

二级文物

沂源县文物管理所

石圭

商
长20.3厘米，宽8.8厘米
一级文物
惠民博物馆

黄玉有领环

商
直径12.6厘米，孔径5.4厘米，壁厚0.35
厘米，领高1.5厘米
一级文物
滕州市薛国故城出土
济宁市博物馆

黄玉璇玑

商
外径16.4厘米，内径6.5厘米，厚1厘米
一级文物
青岛市博物馆

石猪

商周
高5.3厘米，长40.9厘米，
宽5厘米
一级文物
荣成博物馆

三、西周礼乐

西周初年，鉴于姜太公杰出的政治军事才能、显赫的功绩，考虑到山东东部地区夷族势力的强大，周王朝封姜太公于齐地，都城在营丘，建立齐国；封周公在商奄故地，都城在曲阜，建立鲁国，周公之子伯禽就封。除齐鲁之外，山东先后存在过众多小国。

西周时期，山东文物以青铜器、陶器、玉器等为主，其中济阳刘台子西周墓、高青陈庄遗址以及临淄齐故城、曲阜鲁国故城出土的文物最为集中和重要。此外，滕、薛、逄等诸侯国的遗物也是这一时期重要的文物珍品。

陈庄西周城址位于山东省高青县陈庄。为配合南水北调东线山东段建设工程，自2008年10月至2010年1月，山东省文物考古研究所对高青县陈庄遗址进行了大规模的考古勘探和发掘工作，发掘面积达近9000平方米，发现西周早中期城址、西周贵族墓葬、祭坛、马坑、车马坑等重要遗迹，出土大量陶器及众多的骨器、铜器、玉器等珍贵文物，取得重要成果。这次发掘的9座西周墓葬，均位于城内东南部，其中2座为带墓道的"甲"字形大型贵族墓葬；出土的青铜器有鼎、簋、觥、爵、甗、尊、卣、盉、盘等，其中簋、觥、甗、卣等多件器物上皆有铭文，有2件铜簋的铭文长达70余字，铭文清晰可辨，有"丰般作文祖甲齐公尊彝"等内容，可知为齐国王公贵族之礼器。从目前发掘所取得的成果看，已在许多方面填补了山东周代考古的空白，在学术界引起广泛关注。这是半个世纪以来山东周代考古特别是齐国历史考古的突破性进展，被评为2009度全国十大考古新发现。

铜滕侯方鼎

西周
通高27厘米，口径长16厘米，宽11.5厘米，腹深15厘米
一级文物
滕州市姜屯镇庄里西遗址出土
滕州市博物馆

夔龙纹铜方鼎

西周

通高17.6厘米，口径长14.9厘米，口径宽11.2厘米

二级文物

滕州市博物馆

象鼻足铜鼎

西周

通高20厘米，口径长15.1厘米，口径宽11.5厘米

济阳县刘台子西周墓出土

济阳县博物馆

铜斿鼎

西周

通高19.7厘米，口径16.4厘米

二级文物

济阳县刘台子西周墓出土

济阳县博物馆

铜上曾太子般殷鼎

西周

通高26.9厘米，口径30.7厘米

一级文物

1981年临朐县五井镇泉头村出土

山东临朐山旺古生物化石博物馆

腹内壁铭文：上曾大（太）子般殷乃
择吉金自乍（作）鬵彝心圣若虑哀哀
利锥用考（孝）用享既和无测父母嘉
寺（之）多用旨食

铜鼎

西周

通高27.8厘米，口径26.6厘米，腹深12.7厘米

二级文物

莒南县十字路街道中刘山村古墓出土

莒南县博物馆

蟠螭纹铜鼎

西周

通高30.8厘米，口径35.5厘米，腹深13.9厘米

二级文物

1982年莒南县卢范大庄村南出土

莒南县博物馆

窃曲纹铜鼎

西周
通高28.1厘米，口径37.2厘米
二级文物
莒南县十字路街道中刘山村古墓出土
莒南县博物馆

蟠螭纹铜鬲

西周
高21.4厘米，口径25.3厘米，腹深11厘米
二级文物
莒南县大山空出土
莒南县博物馆

象首纹铜齐趫父鬲

西周
高11.9厘米，口径17.4厘米
一级文物
1981年临朐县五井镇泉头村出土
山东临朐山旺古生物化石博物馆

铜鬲

西周
高14.2厘米，口径17.4厘米
二级文物
1974年诸城县栗行臧家泮旺村西出土
诸城市博物馆

铜飤宁作父辛鬲

西周
通高18.5厘米，口径14.5厘米，耳高3.1厘米
一级文物
1984年新泰东关村出土
新泰市博物馆

铜甗

西周
通高41.1厘米，口径25.5厘米，箅径14.1厘米
高青县陈庄遗址出土
山东省文物考古研究所

铜甗

西周
通高50.5厘米，口长32.4厘米，口宽24.7厘米
三级文物
威海市博物馆

铜颂簋

西周
通高30.1厘米，口径24.2厘米
一级文物
山东博物馆

铜伯簋

西周
高14.9厘米，口径19厘米
一级文物
滕州市博物馆

窃曲纹铜辛簋

西周
高12.8厘米，口径20厘米，
底径18厘米
一级文物
龙口市博物馆

兽面纹铜簋

西周

通高16.5厘米，口径15.5厘米，
底座高5.3厘米，底座边长14厘米
一级文物
滕州市姜屯镇庄里西遗址出土
滕州市博物馆

铜滕侯簋

西周

通高22.5厘米，口径20.5厘米，
底座高9厘米，底座边长18.5厘米
一级文物
滕州市姜屯镇庄里西遗址出土
滕州市博物馆

直棱纹铜簋

西周

高11.5厘米，口径16.6厘米，底径13.5厘米

滕州市姜屯镇庄里西遗址出土

滕州市博物馆

铜止子中簠

西周

通高17厘米，口长27.7厘米，口宽23.3厘米

一级文物

1986年长清县万德镇石都庄村出土

济南市长清区博物馆

盖、底内壁对铭：止（郱）子中媵孟妫宝簠其万年眉寿子子孙孙永宝用
"止"即"郱"字，指诸侯郱国，"子"为爵名，"媵"是陪嫁之意。铭文
大意是，此铜簠是郱国贵族子中为长女所作的陪嫁之物，愿世世代代
传承下去。

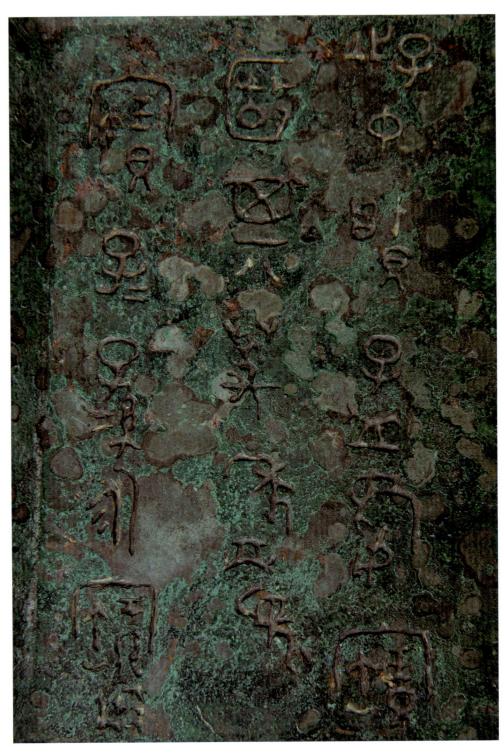

止子中簠铭文

夔龙纹铜簠

西周

通高16.9厘米

二级文物

沂源县南麻街道西鱼台遗址出土

沂源县文物管理所

夔纹铜盨

西周

通高13厘米；口径长21.5厘米，宽14.5厘米；

底径长20.6厘米，宽15厘米

二级文物

1946年泰安徂徕黄龙岭出土

泰安市博物馆

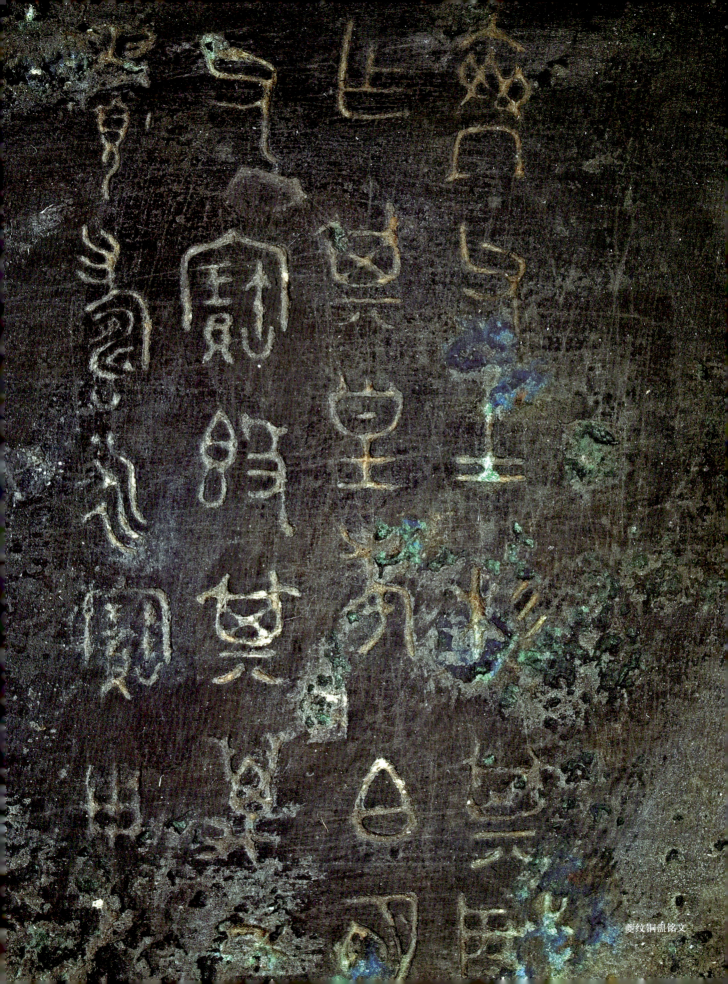

夔纹铜鼎铭文

铜祖戊爵

西周
高19.5厘米，口长17厘米，腹径5.9厘米
滕州市官桥镇前掌大村出土
滕州市博物馆

铜爵

西周
高20.5厘米，流长7.7厘米，腹径5.9厘米
二级文物
1982年诸城县石桥子齐家近戈庄村出土
诸城市博物馆

铜爵

西周
高19.8厘米，口长19厘米
二级文物
1960年泰安龙门口出土
泰安市博物馆

铜作宝彝尊

西周

高22厘米，口径19.3厘米，底径12.6厘米

三级文物

1990年荣成市埠柳镇学福周墓出土

荣成博物馆

铜觥

西周

高24厘米，腹宽25厘米，底长径12.7厘米

高青县陈庄遗址出土

山东省文物考古研究所

提梁铜卣

西周

通高30.2厘米，口径14.5厘米，底径18.2厘米

高青县陈庄遗址出土

山东省文物考古研究所

提梁铜启卣

西周

通高18.8厘米，口长径11.8厘米，口短径10.4厘米

一级文物

1969年黄县（今龙口市）归城小刘庄出土

山东博物馆

内底铭文：王出兽（狩）南山叟（搜）遬（册）山谷至于
上侯滰川上启从征茣（谨）不扰乍且（祖）丁宝旅隣彝
用匀（匈）鲁福用炔阳（凤）夜事戊簸

"启"为人名，铭文记述"启"跟随西周昭王征伐楚国
之事。

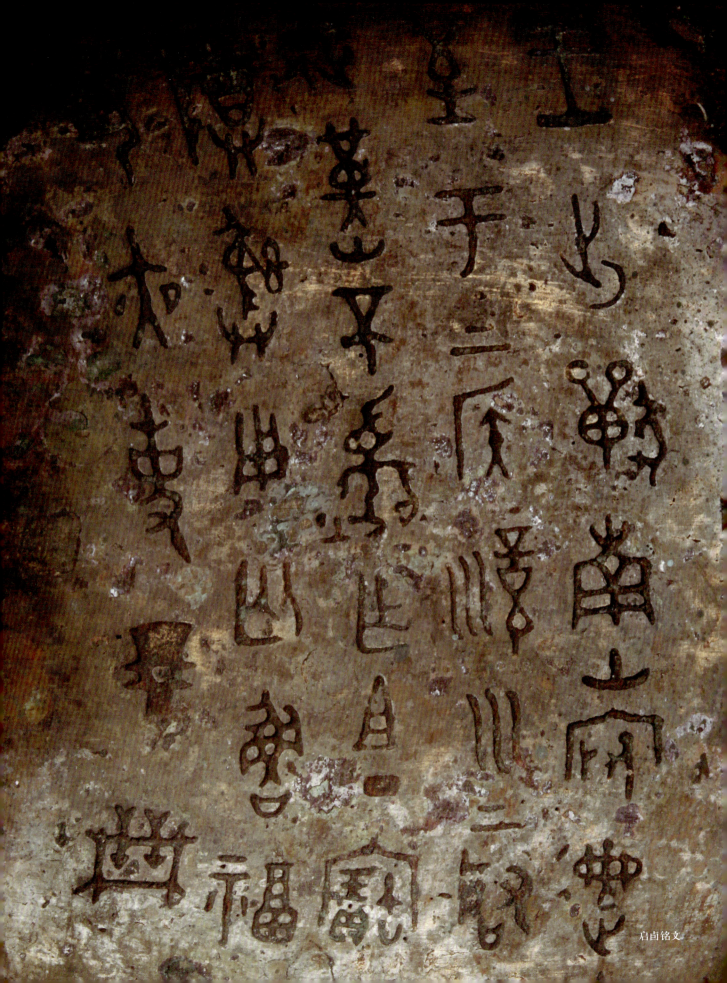

启卣铭文

垂幛纹铜方彝

西周
通高45.3厘米
二级文物
沂源县南麻街道西鱼台遗址出土
沂源县文物管理所

兽面纹铜钫

西周
通高48.2厘米；口径长13.9厘米，宽10.6厘米
滕州市姜屯镇庄里西村出土
滕州市博物馆

窃曲纹双贯耳铜壶

西周

通高52.4厘米，口径12厘米

二级文物

沂源县南麻街道西鱼台遗址出土

沂源县文物管理所

夔纹铜侯母壶

西周

通高39厘米，口径10.2厘米，底径19.3厘米

一级文物

曲阜鲁国故城遗址出土

曲阜市文物管理委员会

夔纹铜己侯壶

西周

高34.5厘米，口径6厘米，底径11厘米

一级文物

莱阳市中荆乡前河前遗址出土

烟台市博物馆

外底部铭文：己侯乍寿（铸）壶事（使）小臣以汲永宝用

己侯壶底部铭文

饕餮纹铜罍

西周
高29厘米，口径17.2厘米，底径12.5厘米
邹城博物馆

铜盘

西周

高13.8厘米，口径40.5厘米，底径27.5厘米

二级文物

1976年诸城县皇华杨庄子村东河岸出土

诸城市博物馆

铜匜

西周

高18.5厘米，长37.3厘米，口宽18.2厘米

二级文物

1976年诸城县皇华杨家庄子东河岸出土

诸城市博物馆

窃曲纹铜鄩仲盘

西周

高14.3厘米，口径42厘米，底径28.2厘米

一级文物

山东临朐山旺古生物化石博物馆

窃曲纹铜鄩仲匜

西周

高23.5厘米，腹径18.9厘米

一级文物

山东临朐山旺古生物化石博物馆

铜盉

西周
通高19厘米，口径9.7厘米
济阳县刘台子西周墓出土
济阳县博物馆

铜盂

西周
高43.5厘米，口径62厘米
一级文物
淄博市齐都镇河崖头村出土
淄博市齐文化博物院

窃曲纹铜錾杯

西周
高7.7厘米，口径8.2厘米
二级文物
1975年长清县双泉南府村出土
济南市长清区博物馆

铜方盘

西周
高12厘米，口边长21厘米
一级文物
1960年泰安龙门口出土
泰安市博物馆

裸人铜方奁

西周

通高7.5厘米，长12厘米，宽7.5厘米

一级文物

山东博物馆

铜胄

西周
通高25.5厘米，通长20厘米，
通宽24.6厘米，壁厚0.2厘米
滕州市官桥镇前掌大村出土
滕州市博物馆

玉斧

西周
长12.7厘米，刃宽2.4厘米
一级文物
1964年诸城县都吉台南台出土
诸城市博物馆

玉戈

西周

长12厘米，宽4.2厘米，厚0.3厘米

济阳县刘台子西周墓出土

山东省文物考古研究所

玉戈

西周

通长32.4厘米，援长24.81厘米，
内后部宽7.7厘米

嘉祥县旅游文物局

玉柄形器

西周

长15.9厘米，　宽3.6厘米，厚0.5厘米

一级文物

济阳县刘台子西周墓出土

济阳县博物馆

龙凤冠玉人佩

西周
高7.05厘米，宽3.7厘米
一级文物
1960年泰安龙门口出土
泰安市博物馆

玉人饰

西周

长3.5厘米，宽1.7厘米，厚0.6厘米

济阳县刘台子西周墓出土

山东省文物考古研究所

凤纹玉柄形器

西周

长13.6厘米，最宽3.8厘米，厚0.3厘米

一级文物

1979年济阳县刘台子西周墓出土

德州市博物馆

玉龙

西周

长10厘米，宽3.8厘米，厚0.6厘米

济阳县刘台子西周墓出土

山东省文物考古研究所

玉鸟形刻刀

西周

长9.3厘米，宽1.6厘米，厚0.7厘米

济阳县刘台子西周墓出土

山东省文物考古研究所

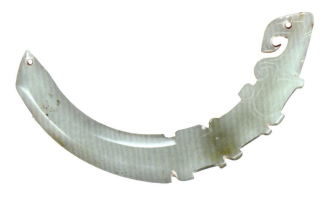

玉蝉

西周

长5.2厘米，宽1.5厘米，厚1厘米

济阳县刘台子西周墓出土

山东省文物考古研究所

俏色玉鱼鹰

西周
厚1厘米，高3.6厘米
一级文物
济阳县刘台子西周墓出土
济阳县博物馆

玉龟串饰

西周
最大长2厘米，宽1.7厘米；
最小长1.2厘米，宽1厘米
一级文物
济阳县刘台子西周墓出土
济阳县博物馆

俏色玉鹅

西周
高3.2厘米，厚1厘米
一级文物
济阳县刘台子西周墓出土
济阳县博物馆

青玉羊

西周
高4厘米，通长8厘米
二级文物
德州市博物馆

原始瓷罐

西周
高18.8厘米，口径10厘米，底径10.4厘米
济阳县刘台子西周墓出土
山东省文物考古研究所

四、春秋诸侯

　　春秋时期各诸侯国开始逐步脱离周王朝的统治，由"礼乐征伐自天子出"到"礼乐征伐自诸侯出"，群雄争霸，先后出现齐、晋、楚、吴、越等诸侯国形成的"春秋五霸"局面。在这样一个大变革的时代，以齐国、鲁国为代表的山东地区，同样发生了翻天覆地的变化。经过西周长时期的积累，齐国作为春秋首霸雄立东方，经济高度发达，民生面貌发生很大改变，科技成就遥遥领先，齐文化绽放异彩；鲁国作为礼仪之邦，傲视群雄。其他古国也是充分发挥自身优势，参与到当时的列国博弈之中，为山东地区文化繁荣贡献了力量，如纪国、郑国、薛国等。

　　2012—2013年在沂水县纪王崮发掘了两座春秋墓，是迄今为止山东发现的规模最大的春秋墓葬，被评为2013年度全国十大考古新发现。有学者推测其中一座是纪国国君或夫人之墓。纪王崮位于山东沂水县城西北40公里处，被称为"沂蒙七十二崮之首"。选址在海拔500余米的崮顶筑墓，国内极为罕见。两座墓中，二号墓是一座未完工的墓葬，没有随葬品。一号墓形制较为特殊，墓室与陪葬的车马坑共凿于一个长方形的岩坑之中，岩坑长40米，宽13米，墓室在南，车马坑在北，出土器物众多，主要有铜器、玉器、陶器、石器等。铜器有180余件，包括容器、乐器、兵器、车马器等，其中南器物箱中出土的铜容器多为一套7件，大小、形制基本一致而略有区别，分别为鼎、鬲、铺、浴缶、匕等；有两件青铜器上有较长的铭文，具有十分重要的历史、科研和艺术价值，对周代历史和相关研究都具有重要意义。

窃曲纹铜鼎

春秋
通高27.4厘米，口径28.4厘米
二级文物
日照市经济技术开发区奎山街道崮
河崖村出土
日照市博物馆

夔龙纹铜鼎

春秋
高27厘米，口径31.5厘米，
腹深12.8厘米
二级文物
莒县天井汪墓群出土
莒县博物馆

铜邿庆匜形鼎

春秋

通高18.6厘米，口径20.6厘米，流长3.3厘米

枣庄市山亭区东江村小邾国贵族墓地出土

枣庄市博物馆

平盖窃曲纹铜鼎

春秋

通高36.4厘米，口径30.8厘米，腹径33厘米

二级文物

枣庄市山亭区东江村小邾国贵族墓地出土

枣庄市博物馆

垂鳞纹铜鼎

春秋

通高20厘米，口径20.3厘米

一级文物

1978年长清县马山小河东遗址出土

济南市长清区博物馆

腹内壁铭文：執司寇兽肇作宝鼎其永宝用

"執"为地名或者国名，"司寇"是官名，"兽"是人名。

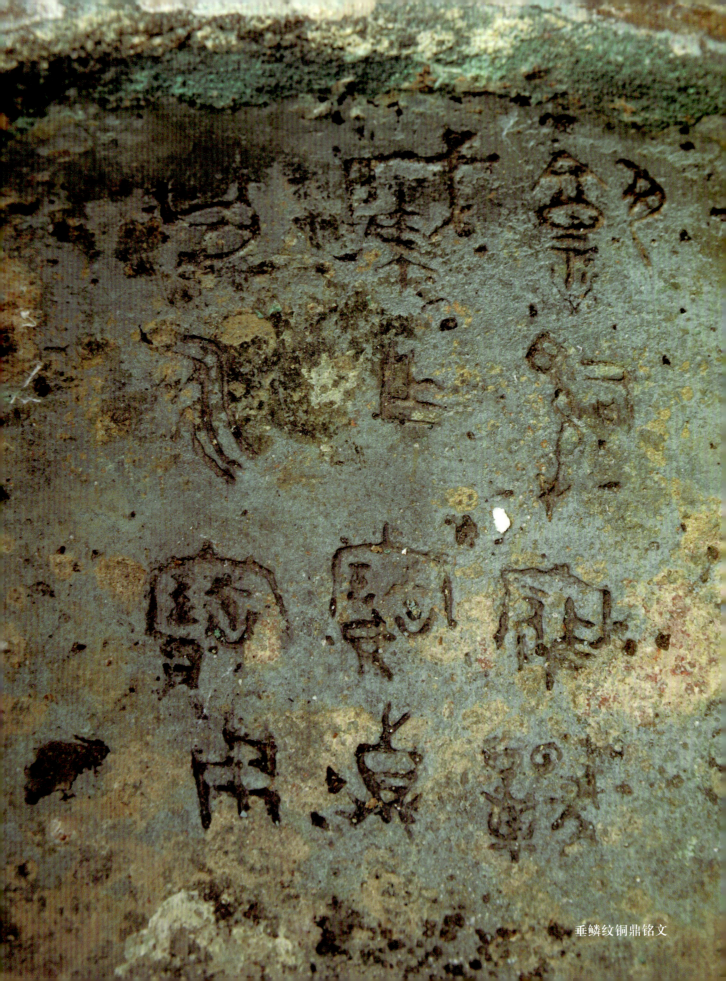

垂鳞纹铜鼎铭文

铜徐子鼎

春秋

通高27厘米，口径29厘米

一级文物

费县南张庄乡台子沟村出土

费县历史文物管理所

铜曾子鼎

春秋

通高21.5厘米，口径24.3厘米

一级文物

费县大田庄乡黄崖村出土

费县历史文物管理所

铜华孟子鼎

春秋

通高59.5厘米，口径55.5厘米

2012年沂水县纪王崮春秋墓出土

沂水县博物馆

腹内壁铭文：华孟子作中改氏妇中子媵宝鼎其眉寿万年无疆子子孙孙保用享

"华孟子"是人名，"中子"为华孟子之女，这是华孟子为其女做的陪嫁之物。华孟子的身份现在还无法断定，"华"可能是国别，也可能是姓氏。

铜鬲

春秋

通高14.3厘米，盖径16.9厘米，鬲口径15.6厘米

2012年沂水县纪王崮春秋墓出土

沂水县博物馆

铜甗

春秋

通高40.7厘米，口径27.9厘米

2012年沂水县纪王崮春秋墓出土

沂水县博物馆

铜甗

春秋

通高35.4厘米，甑口径30厘米，鬲口径11.2厘米

海阳市盘石店镇嘴子前村出土

海阳市博物馆

铜铺

春秋
通高32.9厘米，口径23.9厘米，底径18.5厘米
2012年沂水县纪王崮春秋墓出土
沂水县博物馆

铜宋公铺

春秋

通高24.6厘米，口径24.6厘米，底径17.6厘米

二级文物

枣庄市峄城区徐楼村出土

枣庄市博物馆

宋公铺局部

铜仲姞豆

春秋

高21.2厘米，腹径18厘米

一级文物

淄博市临淄区敬仲镇白兔丘村出土

淄博市齐文化博物院

腹内壁铭文：唯王正九月辰在丁亥椃
（椒）可忌乍厥元子仲姞媵镈

仲姞豆铭文

龙虎纹铜罍

春秋
通高45厘米，口径12厘米，
底径8.7厘米
一级文物
平度市博物馆

人形足铜敦

春秋
通高12.5厘米，
口径11.5—12厘米
一级文物
淄博市齐都镇河崖头村出土
淄博市齐文化博物院

铜鉌

春秋
通高11.8厘米，腹长径19.2厘米
海阳市盘石店镇嘴子前村出土
海阳市博物馆

铜匜

春秋
高12.7厘米，通长30.4厘米
海阳市盘石店镇嘴子前村出土
海阳市博物馆

铜子孟姜盘

春秋
高7厘米，口径43厘米，底径27.3厘米
一级文物
1981年诸城县都吉台春秋墓出土
诸城市博物馆

内底铭文：鼺孙叔子犀为子孟姜媵盥盘
其万年眉寿室家是保它熙妻囗寿考无綦
（期）

铜匜

春秋

高28厘米，通长29.8厘米

一级文物

费县大田庄乡黄崖村出土

费县历史文物管理所

鸟形钮盖铜盉

春秋

通高19厘米，通长28.2厘米，
腹径15.8厘米

一级文物

滕州市薛国故城出土

济宁市博物馆

蟠螭纹铜公铸壶

春秋
通高48厘米，口径16.9厘米，底径23厘米
一级文物
沂水县院东头刘家店子出土
沂水县博物馆

铜邾君庆壶

春秋

通高46.5厘米，口径15厘米，腹径22.5厘米，底径20.7厘米

二级文物

枣庄市山亭区东江村小邾国贵族墓地出土

枣庄市博物馆

夔龙纹铜壶

春秋
通高63.5厘米，口长20.2厘米，口宽15.5
厘米，底长29.5厘米，底宽22.3厘米
一级文物
济南市长清区仙人台遗址出土
山东大学博物馆

提梁铜薛侯行壶

春秋
高22.8厘米，腹径13厘米，底径6厘米
一级文物
滕州市薛国故城出土
济宁市博物馆

鹰首提梁铜壶

春秋
通高45厘米，腹径22.3厘米，底径14.3厘米
淄博市临淄区相家墓地出土
山东省文物考古研究所

铜匏壶

春秋
高34.6厘米，口径8.2厘米，底径9厘米
二级文物
莒县于家沟村出土
莒县博物馆

铜霝父君金父瓶

春秋

通高26.4厘米，口径14.2厘米，腹径20.4厘米

二级文物

枣庄市山亭区东江村小邾国贵族墓地出土

枣庄市博物馆

盖和腹外壁铭文：霝（灵）父君金父作其金瓶眉寿
无疆子子孙孙永宝用之

"灵"是一位姓媿的女子的名，此瓶是媿灵的父
亲为其所做的器物。

吊链铜罐

春秋
通高28厘米，口径5.2厘米
二级文物
枣庄市博物馆

伏鸟铜罍形器

春秋

通高12.8厘米，最大径12.8厘米，底径6厘米

二级文物

枣庄市峄城区徐楼村出土

枣庄市博物馆

铜罍

春秋

通高52.5厘米，通宽50厘米，口径22
厘米，底径22.5厘米

沂水县刘家店子春秋墓出土

山东省文物考古研究所

蟠螭纹铜缶

春秋

通高30厘米，口径17厘米，
盖径18.2厘米，底径16.7厘米

桓台博物馆

铜盂

春秋

通高30.5厘米，口径61.2厘米，底径25.8厘米

2012年沂水县纪王崮春秋墓出土

沂水县博物馆

夔纹铜方奁

春秋

高7.3厘米，长14厘米，宽10.7厘米

二级文物

枣庄市山亭区东江村小邾国贵族墓地出土

枣庄市博物馆

铜鸟形杯

春秋
高12厘米，通长23.4厘米，口径5.3厘米
滕州市官桥镇狄庄村出土
滕州市博物馆

铜鸭尊

春秋

高18.8厘米，长41.4厘米，宽16.6厘米

淄博市临淄区相家墓地出土

山东省文物考古研究所

铜带钩

春秋

高4.4厘米，通长7厘米

海阳市盘石店镇嘴子前村出土

海阳市博物馆

方座铜鸟柱

春秋

通高48厘米

一级文物

长清县仙人台遗址出土

山东大学博物馆

铜寿元凤头斤

春秋
长17.4厘米，宽10.3厘米
一级文物
滕州市薛国故城出土
济宁市博物馆

铜凤头斤

春秋
高11.7厘米，长21厘米；銎长径3厘米，短径2.3厘米
临沂市凤凰岭春秋墓出土
山东省文物考古研究所

铜高子戈

春秋
通长18.7厘米，援长12厘米，
内长6.7厘米
一级文物
淄博市临淄区白兔丘村出土
淄博市齐文化博物院

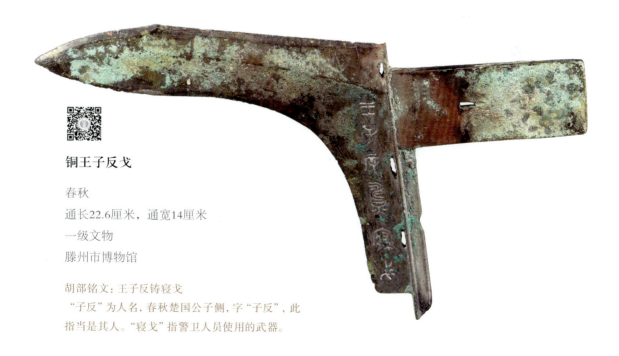

铜王子反戈

春秋
通长22.6厘米，通宽14厘米
一级文物
滕州市博物馆

胡部铭文：王子反铸寝戈
　"子反"为人名，春秋楚国公子侧，字"子反"，此
指当是其人。"寝戈"指警卫人员使用的武器。

王子反戈铭文

铜莒戈

春秋
通长22.03厘米
二级文物
蒙阴县文物管理所

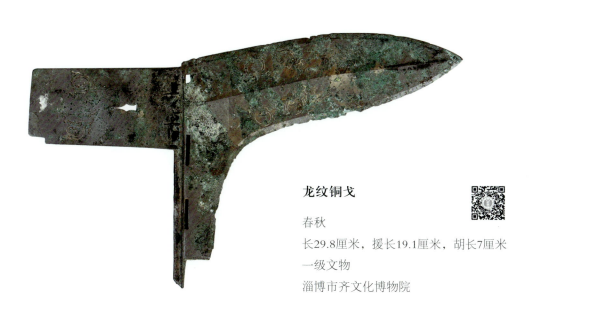

龙纹铜戈

春秋
长29.8厘米，援长19.1厘米，胡长7厘米
一级文物
淄博市齐文化博物院

铜工卢王剑

春秋

通长30厘米，宽3—4厘米

一级文物

沂水县诸葛镇略疃出土

沂水县博物馆

剑身铭文：工卢（攻吴）王乍元巳（祀）用剑义（治）江之台北南西行

"攻吴"为春秋战国时期吴国的国名，此是某位吴王的用剑。

夔龙纹玉璧

春秋

直径24.35厘米，内径4.9厘米，厚0.7厘米

二级文物

五莲县河西遗址出土

五莲县博物馆

蟠虺鸟纹玉佩

春秋

长径4.5厘米，短径4.3厘米，厚0.3厘米

一级文物

滕州市薛国故城出土

济宁市博物馆

蟠螭龙纹玉璜

春秋

长径11.7厘米，短径10.5厘米，厚0.21厘米

一级文物

滕州市薛国故城出土

济宁市博物馆

瓦纹玉管

春秋
高4.7厘米，外径6.9厘米，内径5.6厘米
一级文物
滕州市薛国故城出土
济宁市博物馆

玉戈

春秋
长15.3厘米，宽4.6厘米
2012年沂水县纪王崮春秋墓出土
沂水县博物馆

玉戈

春秋
长26.9厘米，宽7厘米
2012年沂水县纪王崮春秋墓出土
沂水县博物馆

玉琮

春秋
高5.2厘米，边长8.1厘米
2012年沂水县纪王崮春秋墓出土
沂水县博物馆

玉人饰

春秋
高6.4厘米，宽3.1厘米
2012年沂水县纪王崮春秋墓出土
沂水县博物馆

夔龙纹玉璜

春秋
长11.6厘米，宽2.1厘米
一级文物
即墨市博物馆

青玉挖耳勺

春秋
通长4.3厘米，最宽0.9厘米，厚0.4厘米
二级文物
枣庄市山亭区东江村小邾国贵族墓地出土
枣庄市博物馆

玉鸟佩

东周
高3.67厘米，宽1.8厘米，厚0.2厘米
济南市博物馆

凤鸟纹玉璜

东周
长9.2厘米，宽2.8厘米，厚0.3厘米
二级文物
济南市博物馆

五、战国双雄

战国时期既是各国推行变革和大国继续争霸的时代，也是全国逐步走向统一的时期。在战国七雄争霸过程中，齐国仍旧扮演了重要角色，齐威王的改革使得齐国国富兵强，吏治清明；同时齐国的稷下学宫、百家争鸣为后世留下了丰富的遗产。鲁国此时逐渐衰弱，降至与滕、邾、薛等小国为伍，鲁国先是受楚文化影响，最后汇入秦汉帝国的文明巨流之中。

诸侯国都城遗址的发掘是山东考古界极为重要的学术成果，其中以鲁国曲阜故城和齐国临淄故城为著。曲阜鲁国故城位于洙、泗水之间，为西周初年周公旦长子伯禽所建，至被楚国灭亡，历时800余年，是周王朝各诸侯国中沿用时间最长的都城之一。1977—1978年，山东省博物馆等单位对鲁故城进行了系统的考古发掘，取得了重要成果。鲁故城分外城和内城两部分，外城平面呈不规则的圆角长方形，其基本格局为大城套小城，这与《周礼·考工记·匠人》所记的国都规划（"左祖右社，面朝背市"）相类，而与其他东周诸侯国都城不同，反映的是西周都城的设计思想。故城北部和西部为冶铜、冶铁、制骨、烧陶等手工业作坊遗址，分布十分密集。西部还有墓葬区，现已发掘了100余座周代的墓葬，出土了大量的青铜、陶、骨、蚌等器物。这些随葬品带有商文化和周文化的共同特征，反映出周代鲁文化是综合了商文化和周文化等因素而形成的。

垂鳞纹铜鼎

战国
高23厘米，口径20.8—21.8厘米
三级文物
莱芜市大王庄西上崮村出土
莱芜市文物局

铜国子鼎

战国
高32厘米，口径27.8厘米
一级文物
1956年淄博临淄齐故城内姚王庄出土
山东博物馆

虎钮铜鼎

战国

通高34.4厘米，口径31.2厘米

淄博市齐文化博物院

鸟纹铜鼎

战国

通高11.5厘米，口径8.8厘米，

腹径11.7厘米，盖径11厘米

一级文物

1992年淄博市临淄商王墓地出土

淄博市博物馆

嵌绿松石铜豆

战国
通高26厘米，口径16.4厘米，
腹径18.8厘米，底径13.3厘米
1977年长清县归德镇岗辛村出土
山东省文物考古研究所

嵌绿松石铜豆

战国
通高27厘米，口径18.3厘米
1977年长清县归德镇岗辛村出土
济南市长清区博物馆

鹰首提梁铜壶

战国

通高54.6厘米，最大腹径28.4厘米，

底径15.3厘米

一级文物

1971年诸城县马庄乡臧家庄(今诸城市龙宿村)出土

诸城市博物馆

铜方壶

战国

高15厘米，口径4.4厘米

淄博市临淄区国家新村出土

淄博市齐文化博物院

提梁铜壶

战国
通高 32.6厘米，口径10.2厘米，底径13.6厘米
滕州市博物馆

提梁铜壶

战国
通高44.5厘米，口径8.8厘米
淄博市齐文化博物院

蒜头铜壶

战国

高42厘米，口径4厘米，腹径21厘米

一级文物

淄博市临淄区商王墓地出土

淄博市齐文化博物院

鳞纹铜瓠壶

战国

通高36.53厘米

二级文物

蒙阴县文物管理所

鹰首铜匜

战国

高10厘米，通长18厘米，宽16.6厘米，

底径5.5—7.6厘米

一级文物

淄博市临淄区商王墓地出土

淄博市博物馆

鹰首铜匜

战国

高9.7厘米，口径15.5—17.8厘米

一级文物

淄博市临淄区商王墓地出土

淄博市齐文化博物院

铜盉

战国

通高28厘米，口径10.7厘米

淄博市齐文化博物院

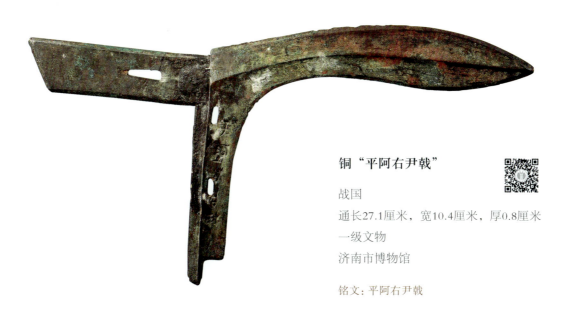

铜"平阿右尹戟"

战国
通长27.1厘米，宽10.4厘米，厚0.8厘米
一级文物
济南市博物馆

铭文：平阿右尹戟

铜柴侯右戈

战国
通长32.6厘米，内长12.6厘米，内宽3厘米
一级文物
1977年新泰县翟镇崖头河出土
新泰市博物馆

铭文：柴侯右

铜陈胎之右户戈

战国

通长21厘米，胡长9.5厘米，内长11.2厘米

一级文物

青州市博物馆

铜工城佐逆昌卯戈

战国

通长18.5厘米，胡长7厘米，内长11.2厘米

一级文物

青州市博物馆

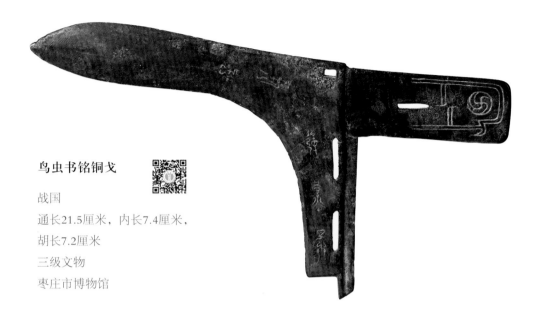

鸟虫书铭铜戈

战国
通长21.5厘米，内长7.4厘米，
胡长7.2厘米
三级文物
枣庄市博物馆

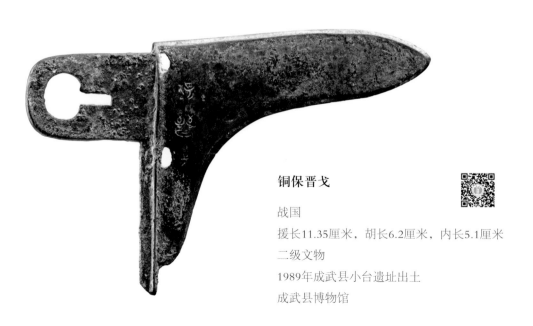

铜保晋戈

战国
援长11.35厘米，胡长6.2厘米，内长5.1厘米
二级文物
1989年成武县小台遗址出土
成武县博物馆

铜郾王剑

战国
长58.9厘米，宽4.7厘米，
柄长9.5厘米
一级文物
淄博市临淄区齐都镇龙贯村出土
淄博市齐文化博物院

剑身铭文：郾王职乍武□□剑
郾国即燕国，为西周和东周时期中国
北方、东北一带的诸侯国。郾王职即
战国时期的燕昭王。公元前284年，
燕昭王以乐毅为上将军，合纵秦、
赵、韩、魏等诸侯国攻打齐国，几乎
占领齐国全境，燕国势力也一度达
到历史的鼎盛。公元前278年燕昭王
去世后，齐国很快收复失地，燕国也
就此衰落。郾王剑在齐国都城临淄
发现，当与这一历史事件有关。

铜汲酒器

战国

通长65.2厘米，柄径1.4厘米，底径
3.6厘米，球形腹径7.2厘米

一级文物

1992年淄博市临淄区商王墓地出土

淄博市博物馆

勾连云雷纹铜敦

战国
通高16.4厘米，口径14厘米
淄博市齐文化博物院

铜奁形敦

战国
通高16.7厘米，口径16厘米
一级文物
淄博市临淄区齐陵街道聂仙村出土
淄博市齐文化博物院

铜投壶

战国
高35.1厘米，口径18.6厘米，底径19.9厘米
一级文物
1971年诸城县马庄乡臧家庄（今诸城市龙宿村）出土
诸城市博物馆

铜丙午带钩

战国
长16厘米，宽3.8厘米
一级文物
淄博市齐文化博物院

云纹铜马

战国
高15厘米，体长15厘米
一级文物
平阴县孝直镇张庄村出土
平阴县博物馆

嵌绿松石铜卧牛

战国
高9.7厘米，长14.5厘米
一级文物
平阴县孝直镇张庄村出土
平阴县博物馆

铜牺尊

战国
高29.4厘米，长43.3厘米
1992年淄博市临淄区商王墓地出土
淄博市齐文化博物院

铜雁足灯

战国
高36.4厘米，盘口径24.3厘米
一级文物
1992年淄博市临淄区商王墓地出土
淄博市博物馆

底座铭文：越陵夫人

雁足灯铭文

"左桁正木"铜印

战国

通高6.5—8.3厘米

一级文物

五莲县镇牌古城遗址出土

五莲县博物馆

節墨之法化刀币

战国
长18.8厘米，宽2.4厘米
二级文物
即墨市博物馆

齐六字刀币

战国
长18.7厘米，宽2.9厘米
一级文物
临沂市博物馆

齐法化刀币陶范

战国
长27厘米，宽13厘米，厚3厘米
一级文物
青州市博物馆

齐之法化刀币

东周
长19.2厘米，厚0.2厘米
三级文物
1989年临沂大岭乡出土
临沂市银雀山汉墓竹简博物馆

石编磬

战国
长26.3—73.2厘米，宽9.7—17.7厘米，厚3—4厘米
滕州市姜屯镇庄里西村出土
滕州市博物馆

镂孔耳陶簋

战国
通高29.5厘米，口径16厘米，底径14厘米
三级文物
沂水县崔家峪上常庄出土
沂水县博物馆

磨光黑陶盘

战国
高9厘米，口径54.2厘米
二级文物
1985年广饶县五村遗址出土
东营市历史博物馆

彩绘陶壶

战国

通高18.5厘米，口径11.5厘米

1999年平阴县西山墓地出土

济南市考古研究所

灰陶牺尊

战国

通高28厘米，长47.6厘米，宽18厘米

淄博市临淄区乙烯厂区出土

山东省文物考古研究所

刻铭折肩红陶罐

战国

高21厘米，口径26厘米

1995年广饶县北卧石遗址出土

东营市历史博物馆

灰陶量

战国

高16.4厘米，口径21.2厘米，底径20厘米

一级文物

1972年济南市天桥区委大院防空干道工程出土

济南市博物馆

底部戳印一字，释为"市"。

朱雀纹瓦当

战国
高7.2厘米，直径14.9厘米
桓台博物馆

太阳纹瓦当

战国
直径15厘米
桓台博物馆

金耳坠

战国

通长7.1厘米

一级文物

1992年淄博市临淄区商王墓地出土

淄博市博物馆

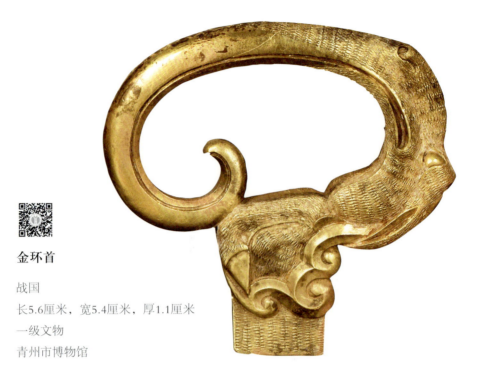

金环首

战国
长5.6厘米，宽5.4厘米，厚1.1厘米
一级文物
青州市博物馆

陈爰、郢爰

战国
陈爰长6.2厘米，厚0.95厘米；郢爰边长1.5厘米，厚0.5厘米
二级文物
临沂市银雀山汉墓竹简博物馆

莲瓣纹银盒

战国

通高10.6厘米，腹径11.6厘米，底6厘米

一级文物

青州市博物馆

银耳杯

战国

长18厘米，宽13.8厘米，耳长12.1厘米

三级文物

淄博市临淄区商王墓地出土

淄博市齐文化博物院

镶金银猿形带钩

战国

通长16.6厘米

一级文物

曲阜市鲁国故城遗址出土

曲阜市文物管理委员会

玉璧

战国

外径32.7厘米，内孔径11.6厘米，厚0.5厘米

曲阜市鲁国故城出土

山东省文物考古研究所

玉璧、玉圭、玉觿

战国
璧直径15.5厘米，圭长9.3厘米，
宽2.3厘米，觿长12厘米
一级文物
烟台市芝罘岛阳主祠遗址出土
烟台市博物馆

玉璧、玉圭

战国—西汉
璧直径13.9厘米，圭高13.5厘米
三级文物
1982年威海市成山头遗址东井楼出土
荣成博物馆

玛瑙环

战国

外径4.3厘米，内径2.5厘米，厚0.6厘米

三级文物

1978年乳山县白沙滩镇小侯家村出土

乳山市文物管理所

玉剑首

战国

长8.7厘米，宽5.2厘米，厚1.9厘米

一级文物

青州市博物馆

龙凤饰骨梳

战国

通高11厘米，齿高6.6厘米，梁长8.7厘米，腰宽3厘米

一级文物

1972年莱芜大王庄镇西上崮村出土

莱芜市文物局

秦汉——盛世雄风

秦汉时期不仅政治上实现了大一统，文化上也出现了区域间的融合和统一趋势，并形成了沉稳、大气的时代特质，为后世所称颂和膜拜。

公元前221年秦始皇统一中国，开启了中国两千年来封建帝制王朝的统治。秦朝废分封设郡县，统一货币、度量衡、文字等，是其巨大历史贡献；修筑长城、兴建陵墓，虽当时劳民伤财，却给后世留下了丰厚的文化遗产。秦朝存世时间仅十几年，山东境内发现的秦代遗存较少，不过秦始皇多次东巡，进入山东祭祀山川，求神问仙，并刻石立碑。至今秦代刻石多已残毁，尚存"泰山刻石"和"琅琊刻石"残块，刻石字体传为秦代名相李斯撰写，书法艺术成就极高。

汉代无论从政治、经济、军事、文化、外交等方面，均达到了中国历史发展的一个顶峰，并给后世带来十分深远的影响。汉初基本延续了秦代的制度，血缘政治逐渐弱化，地缘政治逐渐加强，除了国家凝聚力增强以外，各地文化面貌也逐渐趋同，反映到文物上，从南到北，器物具有同时代的共同特征。同时，以汉族为主体的中华民族开始形成，儒家思想被确立为统治思想，丝绸之路拉开中西交流的大幕，诸多因素孕育出汉代沉稳、大气的时代特质，这不正是汉朝帝国缔造者所吟唱的"大风歌"情怀？这种豪迈的情怀也拨动了周边国家民族的脉搏，随着先进的汉文化不断对外输出，逐渐形成了"汉文化圈"。从地域来看，除中国版图外，还包括朝鲜半岛、日本列岛、东南亚的越南地区，从精神和物质上都表现出"大同"的文化面貌。汉代立世400余年，其留下的物质遗存之多、之丰富是其他历史朝代所无法比拟的。仅考古发掘汉代墓葬而言，初步统计有十几万座，出土文物数量更是

盛世雄风

难以统计。另外，还发掘了汉代城市、宫殿、手工业作坊等诸多遗迹，让后人更形象地感受到汉代的生活气息。山东区域最有特色的汉代文物是诸多诸侯王、后墓葬中出土的各种青铜器、鎏金车马器、玉器等，还有用于祠堂和墓葬的画像石、碑志等，数量多，内容丰富，雄冠全国。

泰山刻石

秦

高118厘米，宽53厘米

一级文物

泰安市博物馆

泰山刻石仅存10字，俗称"泰山十字"，即"斯臣去疾昧死臣请矣臣"。根据文献可将语句复原完整，即："丞相臣斯，臣去疾，御史大臣德，昧死言，臣请具刻诏书金石刻因明白矣，臣昧死请"。意思是在秦始皇东巡泰山时，大臣们冒死恳请皇帝将自己的功德事迹刻写在碑石，以期流芳万世。十字之下是清道光和清宣统年间的刻文。"泰山十字"出自丞相李斯之手，字体外拙内巧，平稳端宁，后世评价"其文字、书法世莫能及"，在中国书法史上占有重要的地位。

嵌铜诏版铁权

秦

高20.5厘米，底径24.7厘米

一级文物

威海市文登区新权村出土

烟台市博物馆

秦朝时为统一度量衡，曾两度颁发诏令，布告全国。此诏版为秦始皇二十六年时颁发的诏令："廿六年，皇帝尽并天下诸侯，黔首大安，立号为皇帝，乃诏丞相状、绾，法度量，则不壹、歉疑者，皆明壹之"。其后秦二世元年也颁布了类似的诏令，大意是遵循秦始皇的度量衡制度。

诏版铭文

刘汉造石狮

东汉

残长130厘米，残高98厘米

一级文物

淄博市临淄区出土

山东博物馆

持殳石人

东汉
高180厘米，宽50厘米，厚50厘米
曲阜市文物管理委员会

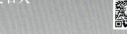

　　汉高祖刘邦在打天下之初，为笼络有功将领，分封了七个异姓诸侯王，其后又逐一剪灭，发出"非刘氏而王者，天下共击之"的盟誓，并大封同姓诸侯王，以图刘姓江山永固。西汉初期诸侯国权力较大，有自己的土地和官员，以致后来形成诸侯国与中央朝廷对抗的局面，并多次发生诸侯国叛乱事件。汉武帝颁布"推恩令"，打破以往由嫡长子继承王位和土地的体制，允许诸侯王把自己土地分封给多个儿子，形成更多、更小的侯国，新封的侯国不受原来的王国管理，以此削弱诸侯国势力，加强了中央集权。

　　山东是汉代全国最繁庶的地区，齐国、鲁国、吕国、济南国等实力雄厚的诸侯大国盘踞于此。齐国是汉初最大的诸侯国，拥有七十余城，管辖山东大部分地区，司马迁修撰《史记》时曾慨叹"诸侯大国无过于齐悼惠王"。齐悼惠王刘肥是汉高祖长子，同姓齐国的第一代齐王，都城在临淄。齐国实力非常强大，汉武帝时期"齐临淄十万户，市租千金，人众殷富"，比当时的国都长安还要富有。1978年在临淄大武发掘了西汉齐王墓周边的5座陪葬坑，出土了12000余件器物，种类繁多，包括饮食器、生活用具、兵器、乐器、车马器、仪仗器等。这仅是墓室外围陪葬坑出土的文物数量，虽然主墓室没有发掘，但可以想象其中的随葬品该有多么奢华！研究者推测墓葬主人可能是第一代齐王刘肥或第二代齐王刘襄，只有这两位齐王才有实力建造如此规模的陵墓。

　　目前全国已发掘了50余座诸侯王陵墓，山东有10余座，除临淄齐王墓，还有曲阜九龙山鲁王墓、巨野红土山山阳王墓、定陶灵圣湖

青州香山陶俑坑第一层发掘场景

定陶王墓、长清双乳山济北王墓、章丘洛庄吕王墓、章丘危山济南王墓、昌乐菑川王后墓、济宁任城王墓等,是发掘汉代诸侯王墓最多的省份。尽管这些大墓有的被盗殆尽,有的仅发掘部分,但这些面世的地下宫殿建筑、朽痕残迹、成组器物群足以展现汉代王侯在世生活的奢华:居则高楼重阁,侍婢成群;宴则钟鸣鼎食,宾朋满座;出则宝马香车,仪仗威严;战则厉兵秣马,威镇寰宇。

吕后为汉高祖刘邦的皇后，高祖去世后，被尊为皇太后，其子刘盈继位，是为惠帝。汉惠帝去世之后，虽立刘恭为帝，但吕后临朝称制，行使皇帝职权，同时大封吕氏族人为王侯。吕台是吕后之侄，公元前187年被分封至济南，建立吕国，都平陵城，是吕后分封的第一位吕姓诸侯王，不过吕台被封的第二年即去世。吕国前后立世8年，共四位吕王，吕后去世后，吕氏一族被诛杀，吕国也就此消亡。目前所知洛庄汉墓是西汉吕国最重要的遗存。

洛庄汉墓位于章丘枣园镇洛庄村西部，发掘前地面封土堆最高尚存3米左右，面积约4万平方米。1999年施工单位在此取土，发现铜器陪葬坑，当地文物部门随即前来进行清理。1999—2001年，济南市考古研究所在此进行了科学的发掘，取得了巨大的考古成果，被评为2000年度全国十大考古新发现。虽然主墓室没有发掘，但已初步探明其面积达1295平方米，是目前所知汉代规模最大的一座土坑竖穴式王侯墓葬。考古发掘了36座器物坑和祭祀坑，这是迄今发现陪葬坑数量最多的一座汉代诸侯王墓；第11号坑内发现3辆驷马安车，再现了汉代王侯出行时车马簇拥的浩荡场面。第14号坑出土7面瑟、1套编钟、6套编磬、1面大鼓，另外有錞于、钲等乐器，可见汉代王侯之家排场豪华的音乐歌舞盛况。洛庄汉墓陪葬坑共出土了各类文物3000余件，其中有"吕大官臣"、"吕内史印"等封泥，为考证墓葬主人身份提供了十分重要的依据。发掘者推测，墓主为西汉初期第一代吕国诸侯王吕台。

铜錞于

西汉

通高48.3厘米，通长25.8厘米，通宽22.6厘米

2000年章丘市洛庄汉墓出土

济南市考古研究所

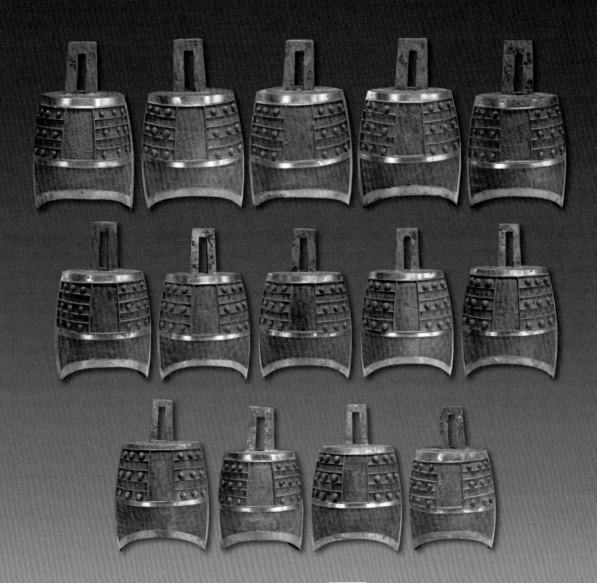

铜钮钟

西汉
高13.5—28.2厘米
2000年章丘市洛庄汉墓出土
章丘市博物馆

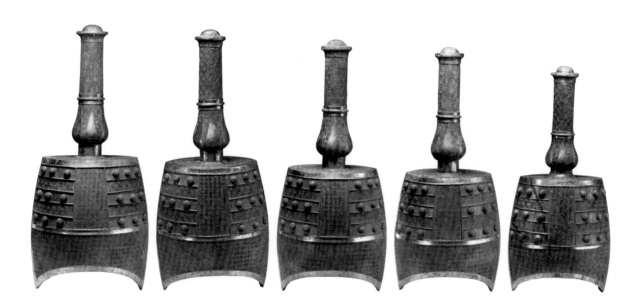

铜甬钟

西汉
高50.8—58.8厘米
2000年章丘市洛庄汉墓出土
章丘市博物馆

鎏金铜瑟枘

西汉

直径4.8厘米

2000年章丘市洛庄汉墓出土

济南市考古研究所

鎏金铜当卢

西汉

长16.5厘米，宽7.8厘米，厚1.4厘米

2000年章丘市洛庄汉墓出土

章丘市博物馆

鎏金铜当卢

西汉

长16.8厘米，宽7.8厘米，厚1.4厘米

2000年章丘市洛庄汉墓出土

济南市考古研究所

金节约

西汉
高3.4厘米，长4.1厘米，
2000年章丘市洛庄汉墓出土
济南市考古研究所

金栓

西汉
高2.4厘米，长2.7厘米，宽2.6厘米
2000年章丘市洛庄汉墓出土
济南市考古研究所

铜量

西汉
高5.2厘米，通长12.8厘米
2000年章丘市洛庄汉墓出土
济南市考古研究所

临淄齐王

　　公元前201年汉高祖封庶长子刘肥为齐王，都临淄，下辖七十三县，齐国不仅是西汉初分封最早的同姓诸侯国，也是当时最大的诸侯国。西汉齐国历经七王八十三年，以第一代齐悼惠王刘肥和第二代齐哀王刘襄在位期间最为强盛。第七代齐怀王刘闳，为汉武帝之子，公元前117年受封为齐王，去世后无子，齐国废黜。

　　西汉齐王墓位于淄博市临淄区大武乡窝托村南，发掘之前，地面封土仍存24米，占地面积24亩，1978—1980年，为配合基建工程对其进行了勘探和发掘。此次发掘了5座陪葬坑，出土鼎、壶、盆、炉、镜等日常生活用器和戈、矛、戟、剑、盾、铠甲等兵器，共计各类器物12100余件，其中铜矩形镜、鎏金银盘、银盒、鎏金铜熏炉等，均是珍稀之品。在多件铜器上刻有"齐大官"、"齐食官"铭文，初步判断此为西汉齐国诸侯王墓。此次发掘出土的武器甚多，其中箭镞超过千件，与之配合使用的弩机有72件，估计齐王身边有一支十分强悍的弩射军队；另外还出土了一件护身的鱼鳞铠甲，较为罕见。汉初，诸侯齐国不仅经济文化繁荣，军事也十分强大，朝臣曾不无担忧地感叹，齐国"地方二千里，持戟百万"。齐王墓陪葬坑大量武器的出土正是西汉齐国军事实力雄厚的历史见证。

金鐏铜戈

西汉

金冒通长9.3厘米，鐏通长11.9厘米，銎径3厘米

一级文物

1979年淄博临淄西汉齐王墓陪葬坑出土

淄博市博物馆

鎏金铜熏炉

西汉

通高15厘米，口径9厘米，腹径11.8厘米，底径6.8厘米

一级文物

1979年淄博临淄西汉齐王墓陪葬坑出土

淄博市博物馆

银盒

西汉

高10.9厘米，口径11.3厘米

一级文物

1979年淄博临淄西汉齐王墓陪葬坑出土

淄博市齐文化博物院

鎏金龙凤纹银盘

西汉

高4厘米，口径24厘米

一级文物

1979年淄博临淄西汉齐王墓陪葬坑出土

淄博市齐文化博物院

铜方炉

西汉

通高17.2厘米，口长31厘米，口宽22.5厘米

一级文物

1979年淄博临淄西汉齐王墓陪葬坑出土

淄博市博物馆

错银铜骰子

西汉

直径5.4厘米

一级文物

1979年淄博临淄西汉齐王墓陪葬坑出土

淄博市博物馆

龙纹铜矩形镜

西汉

长115.1厘米，宽57.7厘米，
厚1.2厘米

一级文物

1979年淄博临淄西汉齐王墓
陪葬坑出土

淄博市博物馆

公元前164年汉文帝分封刘贤为菑川王，建立菑川国，治所在剧县，即今山东省寿光市境内。刘贤是汉高祖刘邦之孙，齐悼惠王刘肥之子，在位11年。汉景帝时期，菑川王刘贤参与了著名的"七国之乱"，起兵反叛朝廷，最终兵败自杀。汉景帝并未因此将菑川国废除，刘贤无子，于是另封刘贤之弟刘志为菑川王。汉武帝实行削藩政策，菑川国实力日渐缩小，最后仅辖剧县、东安平县、楼乡县等三县。东汉初，菑川国废除。青州市谭坊镇大赵村西北的香山发掘了一座贵族墓陪葬坑，疑为菑川王之遗存。

香山汉墓现存封土高约8米，底径30余米，面积近1000平方米。2006年因公路施工在此发现一座器物坑，考古工作者对其进行了抢救性发掘，出土2000余件文物，其中以陶俑最具特色，其表面保留了红、白、黑、褐等彩绘，色彩鲜艳，具有较高的历史和艺术价值，被评为2006年度全国十大考古新发现。有学者认为墓主极可能是西汉菑川王刘贤。

白地彩绘陶马

西汉

高51.1厘米，长50.5厘米，宽16.1厘米

三级文物

2006年青州市谭坊镇香山汉墓陪葬坑出土

青州市博物馆

红地彩绘陶马

西汉

高60.5厘米（含腿）

三级文物

2006年青州市谭坊镇香山汉墓陪葬坑出土

青州市博物馆

彩绘陶男立俑

西汉

高55.5厘米，最宽18.8厘米

三级文物

2006年青州市谭坊镇香山汉墓陪葬坑出土

青州市博物馆

　　在巨野县城南的昌邑集村至今尚存一段汉代城墙残迹，这里先后属西汉梁国、山阳国、山阳郡、昌邑国的辖区，一般认为此古城为古昌邑国和山阳国都城的废墟。在古城东南约十三公里处的红土山曾发掘一座大墓，疑为山阳国或昌邑国诸侯王墓。

　　红土山汉墓位于巨野县东南一座山的半山腰上，1968年村民采石时发现。20世纪70年代山东省博物馆在此发掘，共出土各类器物1056件，其中铜器526件，以生活器和兵器为主；铁器405件，以镞、剑、矛等兵器为多；另外玉器43件，其中玉璧有28件。关于墓主身份有两种推测。一是昌邑王刘髆。刘髆为汉武帝和宠妃李夫人所生，为第一代昌邑王，公元前87年去世，在位11年；发掘报告整理者持此观点。二是山阳王刘定。该墓出土了一枚封泥，其上四字，有三字残缺，仅存部分，发掘报告释读左侧两字为"祝其"；最近山东博物馆卫松涛释读四字为"山阳祝长"，为山阳国官职名。综合观之，墓主为山阳国刘定的可能性更大。公元前144年，汉景帝将梁国一分为五，封梁王之子刘定为山阳王，都昌邑县（今巨野县南）。公元前136年，刘定薨，在位九年，山阳国除为郡。

　　红土山汉墓之北1500米的金山南侧有座已建成但未使用的大型崖洞墓，俗称"金山废冢"，推测是刘贺生前在昌邑国时为自己所修的墓冢，因改封为海昏侯，故废弃不用。刘贺为昌邑王刘髆之子，曾嗣封昌邑王，公元前74年汉昭帝去世后被拥立为皇帝，但因荒淫无度，在位27天即被废黜，史称"废帝"；先归昌邑故国，后被贬为海昏侯，就国豫章，即今江西南昌。2015—2016年因考古发掘引起轰动的南昌海昏侯墓的主人即为刘贺。

玉印

西汉

通高1.4厘米，底边长2厘米

二级文物

1977年巨野县红土山汉墓出土

巨野县文物管理所

蟠螭谷纹玉璧

西汉

直径23.2厘米，肉径9.4厘米，厚0.5厘米

三级文物

1977年巨野县红土山汉墓出土

巨野县文物管理所

青玉圭

西汉

长9.2厘米，宽2.3厘米，厚0.6厘米

一级文物

1977年巨野县红土山汉墓出土

巨野县文物管理所

玉韘形佩

西汉

长13.7厘米，宽9.7厘米，厚0.3厘米

二级文物

1977年巨野县红土山汉墓出土

巨野县文物管理所

玉猪握

西汉

长6.1厘米，宽3.7厘米，厚2.1厘米

二级文物

1977年巨野县红土山汉墓出土

巨野县文物管理所

螭虎纹玉剑珌

西汉

长6.1厘米，宽3.7厘米，厚2.1厘米

一级文物

1977年巨野县红土山汉墓出土

巨野县文物管理所

螭虎纹玉剑首

西汉

长6.4厘米，宽5厘米，厚1.6厘米

一级文物

1977年巨野县红土山汉墓出土

巨野县文物管理所

螭虎纹玉剑璏

西汉

通长9厘米，通宽2.8厘米，厚1.9厘米

一级文物

1977年巨野县红土山汉墓出土

巨野县文物管理所

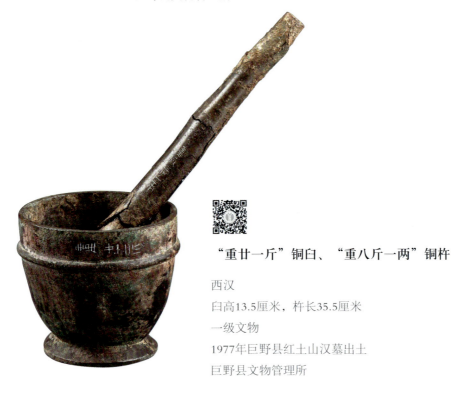

"重廿一斤"铜臼、"重八斤一两"铜杵

西汉

臼高13.5厘米，杵长35.5厘米

一级文物

1977年巨野县红土山汉墓出土

巨野县文物管理所

公元前178年汉文帝置济北国，封齐悼惠王之子刘兴居为济北王，都博阳。公元前176年因刘兴居参与反叛，国除；公元前164年重建济北国，封刘肥之子刘志为济北王。西汉济北国前后历经5位诸侯王，于公元前86年再次废黜。

济北王陵位于济南市长清区归德镇双乳村，坐落在山顶之上，有两座墓，东西并列。1995—1996年对其中的一座墓进行了发掘。该墓直接向山体下凿岩成穴，总面积约1500平方米，深度达22米，估算凿石量为8700立方米，是迄今发现的凿石量规模最大的一座汉代墓葬。此次发掘共出土各类器物2000余件，其中有一批玉器、金器、鎏金和错金车马器较为珍贵。如：玉覆面，由额、腮、颊、鼻、耳等17件组成人面形，较为罕见；出土金饼20枚，总重量4262.5克，是出土汉代金饼数量和重量较多的一次；另外还发现了5辆马车，出土了大量精美的车马器。这次发掘被评为1997年度全国十大考古新发现。金饼上刻写"王"字，发掘者推测墓主为西汉济北国最后一代诸侯王刘宽。刘宽是西汉最后一代济北王，因与父王后光、姬妾孝儿通奸乱伦，又曾"祠祭祝诅上"，招致朝廷问罪，最后畏罪自杀。

玉覆面

西汉
高20厘米，宽23厘米，厚2.9厘米
一级文物
1996年长清县双乳山汉墓出土
济南市长清区博物馆

鎏金铜轭角

西汉
高4.5厘米，长9.6厘米
二级文物
1996年长清县双乳山汉墓出土
济南市长清区博物馆

错金银云纹铜环

西汉
外径6厘米，内径4厘米
二级文物
1996年长清县双乳山汉墓出土
济南市长清区博物馆

鎏金铜钩

西汉
高5.8厘米
1996年长清县双乳山汉墓出土
济南市长清区博物馆

　　王国之下，还有侯国，西汉时期先后分封了八百多侯国。同王国一样，侯国也是时而废时而封。有的是因军功封侯，也有的是世袭封侯，如诸侯王之位除嫡长子袭封之外，诸侯王其余之子则可以封为侯，称为"王子侯"，但不是所有王子都能得到列侯的爵位，因政治需要由朝廷来分封。汉景帝为削弱诸侯力量，规定"王国境内不置侯国"，即侯国不归王国管理，而是纳入地方行政系统，与县相当，归属郡管辖。汉武帝进一步推行"推恩令"，再从王国中析出众多不受王国控制的小侯国，又借助侯国上缴"酎金"成色不足为由，削夺106人的列侯爵位，最终达到中央集权的目的。山东地区侯国数量较多，据初步统计，仅汉武帝之后的菑川国和城阳国先后受封的王子侯就多达48个。目前考古发现的明确为侯国的遗存较少，如济南腊山汉墓、五莲张家仲崮汉墓、临沂刘疵墓，出土了印章、玉衣、玉九窍塞等，则可判定其主人为王侯身份。

"任城厨酒器容十斗弟十平"陶罐

汉

高32.8厘米，口径14.95厘米，腹径37.9厘米，底径17.4厘米

一级文物

济宁市博物馆

肩部刻"任城厨酒器容十斗弟十平"八字，为济宁任城王府中的酒器。

"刘疵"玛瑙印

汉

高1.6厘米，边长2.3厘米

一级文物

临沂市兰山区南坊洪家店出土

临沂市博物馆

金缕玉衣罩

西汉

外形尺寸：头罩高27.4厘米；手罩1：长15.0厘米，宽12.5厘米，高8.4厘米；手罩

2：长14.6厘米，宽12.6厘米，高7.9厘米；足罩1：长31.3厘米，宽12.6厘米，高

12.5厘米；足罩2：长29厘米，宽11.3厘米，高12.4厘米

一级文物

临沂市兰山区南坊洪家店出土

临沂市博物馆

"诸国侯印"龟钮金印

西汉

高2.1厘米，边长2.5厘米

一级文物

即墨市博物馆

"刘祖私印"铜印

西汉

高1.8厘米，边长1.3厘米

二级文物

五莲县张家仲崮汉墓出土

五莲县博物馆

"傅嫇" 水晶印

西汉

通高1.7厘米，边长2.4厘米

2001年济南腊山汉墓出土

济南市考古研究所

印面鸟虫书体阴文"傅嫇"。

腊山汉墓墓室面积约200余平方米，出土各类器物70余件。能反映墓主人身份的文物除印章外，还出土了"夫人私府"封泥。按文献记载，汉代列侯之妻称"夫人"。据此可知，此墓主人身份是汉代列侯之妻，目前暂不能判断是哪个侯国。"傅"为夫人的姓，"嫇"为夫人的名。"嫇"同"娙"字，形容女子形体窈窕娇美。

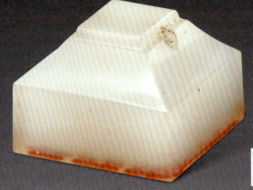

"妾嫇" 玛瑙印

西汉

高1.4厘米，边长1.9厘米

2001年济南腊山汉墓出土

济南市考古研究所

印面篆体阴文"妾嫇"。

透雕玉觿

西汉

长11.5厘米，宽1.9厘米，厚0.4厘米

二级文物

五莲县张家仲崮汉墓出土

五莲县博物馆

玉鞢形佩

西汉

长7.4厘米，宽2.72厘米，厚0.4厘米

二级文物

五莲县张家仲崮汉墓出土

五莲县博物馆

玉韘形佩

西汉
长4.7厘米，宽3厘米，厚0.3厘米
一级文物
2000年平度市灰埠镇界山汉墓出土
平度市博物馆

玉觿

西汉
长6.5厘米，宽3.5厘米，厚0.3厘米
一级文物
2000年平度市灰埠镇界山汉墓出土
平度市博物馆

到的或不能享受到的生活场景照搬了进来，来安慰自己，取悦神灵，期待着躯体的不朽、灵魂的永生、生命的延续。因此，除了将墓葬定义为"万岁吉宅"之外，还在其中刻画日月、神仙、鬼神、人间场景、历史故事，画面既有天上、人间，也有过去、未来，将墓葬营造成一个虚拟的小宇宙，体现了汉代天人合一和死后升仙的观念。同时，以石营建祠堂或墓葬，也是一座座孝的丰碑。这些石构建筑造价很高，在社会崇尚"忠孝"和厚葬的风气下，往往"竭家尽业、甘心而不恨"地去营建墓葬和祠堂，甚至达到"生不及养、死乃崇葬"的地步。有些祠堂画像石为了彰显在世亲人的孝心，甚至刻写营建的费用，以图传播"孝"的美名。

山东是全国汉代画像石分布地域最广、发现数量最多、延续时间最长、题材内容最丰、艺术成就最高、研究历史最长的地区。嘉祥武氏祠、长清孝堂山石祠、临沂北寨画像石墓等画像石早已闻名全国，享誉世界，甚至成为汉代画像石的代名词，代表了汉代画像石的最高成就。特别是武氏祠，从发现之日起，学者对其著录和研究已近千年，至今仍是学术的热点。

迎谒人物画像石柱

西汉居摄二年
高93厘米，宽18厘米，厚17厘米
一级文物
东平县石马村出土
东平县博物馆

上部刻铭：元始二年五月中母不幸
元始三年五月中父不幸居摄二年二
月中治三年四月中□服

执笏人物画像石

东汉永元十年
纵93厘米,横24厘米,
厚11厘米
一级文物
枣庄市山亭区堌城出土
滕州市汉画像石馆

持戟人物画像石

东汉
纵108厘米，横52厘米
二级文物
肥城市出土
泰安市博物馆

射鸟画像石

东汉

纵158厘米，横105厘米

二级文物

肥城市出土

泰安市博物馆

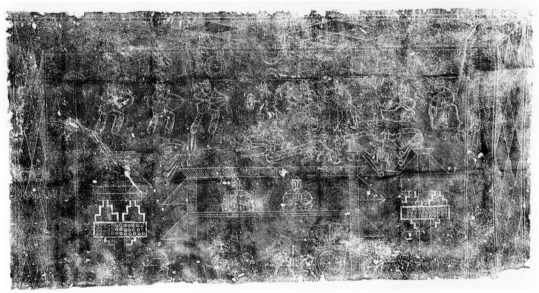

胡汉战争、楼阁人物画像石

东汉

纵98厘米，横136厘米

一级文物

平阴县实验中学出土

平阴县博物馆

楼阁人物画像石 （拓片）

东汉建初八年
原石纵78厘米，横149厘米，厚19厘米
一级文物
1956年肥城县西南庄公社栾镇村出土
山东博物馆

西王母画像石（宋山画像石第4石）

东汉
纵70厘米，横66厘米，
厚31厘米
三级文物
1978年嘉祥县宋山出土
山东省石刻艺术博物馆

画像石局部拓片

孔子见老子、泰山君画像石（拓片）

东汉
原石纵80厘米，横90厘米，厚18厘米
一级文物
枣庄市山亭区桑村镇西户口村出土
滕州市汉画像石馆

风伯、胡汉交战画像石（五老洼画像石第8石）

东汉

纵108厘米，横68厘米，厚19厘米

三级文物

1978年嘉祥县五老洼出土

山东省石刻艺术博物馆

宴乐画像石

东汉

纵103厘米，横70厘米

二级文物

泰安市旧县出土

泰安市博物馆

车马出行画像石（局部）

东汉

纵50厘米，横123厘米

整石纵50厘米，横539厘米

二级文物

泰安市夏张出土

泰安市博物馆

孔子見老子畫象戴洪氏隸續
乾隆丙午冬錢唐黄易得此石
于嘉祥之宅山敬移濟寧州學
洪洞鹿見正南平泰觀
曲阜李東琪南亭奎觀

孔子见老子画像石

东汉
纵37厘米，横170厘米
济宁市博物馆

多首神、仙人戏虎画像石

东汉
纵165.5厘米，横51厘米，厚12厘米
济宁市博物馆

九头兽、象戏画像石

东汉

纵160厘米，横52厘米，厚13厘米

济宁市博物馆

武梁祠西壁画像石（拓片）

东汉

原石纵184厘米，横140厘米，厚17厘米

清（1786年）黄易于嘉祥县武翟山村北发掘出土

嘉祥武氏墓群石刻博物馆

武梁祠东壁画像石（拓片）

东汉

原石纵184厘米，横139.5厘米，厚17厘米

清（1786年）黄易于嘉祥县武翟山村北发掘出土

嘉祥武氏墓群石刻博物馆

武氏祠前石室西壁下画像石（拓片）

东汉

原石纵96厘米，横203厘米，厚16厘米

清（1786年）黄易于武翟山村北发掘出土

嘉祥武氏墓群石刻博物馆

武氏祠左石室后壁小龛西侧画像石（拓片）

东汉

原石纵97.5厘米，横69厘米，厚30厘米

清（1789年）李克正和刘肇镛于武翟山村北发掘出土

嘉祥武氏墓群石刻博物馆

豫让刺赵襄子画像石

东汉
纵45厘米，横290厘米
一级文物
1973年兰陵县兰陵镇政府驻地出土
兰陵县文物管理所

庖厨图画像石

东汉

纵151厘米，横75厘米

一级文物

1973年诸城前凉台东汉孙琮墓出土

诸城市博物馆

羊首、狩猎画像石

东汉
纵44厘米，横153厘米，厚16厘米
1990年诸城瓦店管家寨出土
诸城市博物馆

石羊头

东汉
高26.2厘米，宽41.5厘米，厚18.4厘米
诸城市博物馆

楼阁拜谒、车马出行画像石（拓片）

东汉
原石纵90厘米，横138厘米，厚20厘米
东平县博物馆

乐舞百戏画像石

东汉
纵59厘米，横179厘米，厚18厘米
东平县东平街道石马村汉墓出土
东平县博物馆

楼阁、六博、祥瑞画像石（拓片）

东汉元嘉三年
原石纵82厘米，横210厘米，厚14厘米
一级文物
滕州市姜屯镇姜屯村出土
滕州市汉画像石馆

日月星辰画像石（拓片）

东汉

原石纵88厘米，横190厘米，厚 21厘米

滕州市官桥镇大康留村出土

滕州市汉画像石馆

建鼓、乐舞、百戏画像石（拓片）

东汉

原石纵94厘米，横133厘米，厚16厘米

滕州市汉画像石馆

牛耕画像石（拓片）

东汉

原石纵85厘米，横182厘米，厚30厘米

滕州市汉画像石馆

泗水升鼎画像石（拓片）

东汉
原石纵97厘米，横301厘米，厚22厘米
滕州市官桥镇大康留村出土
滕州市汉画像石馆

墓主拜见西王母画像石（拓片）

东汉
原石纵97厘米，横122厘米，厚30厘米
滕州市官桥镇后掌大村出土
滕州市汉画像石馆

建鼓、庖厨画像石（拓片）

东汉
原石纵165厘米，横63厘米，厚30厘米
滕州市龙阳镇出土
滕州市汉画像石馆

西王母、牛羊车画像石（拓片）

东汉
原石纵74厘米，横75厘米，厚15厘米
枣庄市山亭区桑村镇大郭村出土
滕州市汉画像石馆

水榭图画像石（拓片）

东汉

原石纵93厘米，横86厘米，厚18厘米

枣庄市山亭区驳山头村出土

滕州市汉画像石馆

西王母、建鼓乐舞画像石（拓片）

东汉
原石纵80厘米，横80厘米，厚27厘米
二级文物
1986年枣庄山亭冯卯镇欧峪村出土
枣庄市博物馆

水陆攻战画像石（拓片）

东汉
原石纵76厘米，横285厘米，厚18厘米
2004年枣庄山亭西集镇西集村出土
枣庄市博物馆

龙虎画像石

东汉
纵88厘米，横200厘米
费县刘家疃画像石墓（原址保护）
费县历史文物管理所

楼台亭阁画像石

东汉
纵103厘米，横129厘米
费县刘家瞳画像石墓（原址保护）
费县历史文物管理所

西王母、建鼓画像石

东汉
纵82厘米，横83厘米，厚30厘米
二级文物
1958年滕县西户口（今山亭区）出土
山东博物馆

秦汉碑刻包括刻石、纪事碑和墓碑，书法成就极高，特别是汉碑隶书，盖因"每碑各出一奇，莫有同者"，故有"汉碑三字为宝"的说法。碑体有的为上圆下方，取天圆地方、沟通天地之意；有的上部为"圭"形，取高洁、诚信之义。山东是保存汉碑最多的地区，约100通，其中以济宁为中心区，素有"天下汉碑半济宁"之誉，也是山东秦汉文物一大特色。秦汉时字体经历了两次重大的演变，在山东碑刻中体现得淋漓尽致。一是由大篆到小篆，在秦时完成，经典作品有《秦泰山刻石》和《秦峄山刻石》；二是由小篆到隶书，在汉时完成，经典作品较多，如平邑西汉河平三年麃孝禹碑、嘉祥东汉元嘉元年武梁碑、曲阜东汉永兴二年孔谦碑、曲阜东汉永寿二年孔庙礼器碑、曲阜东汉建宁年间史晨碑、东平东汉中平三年张迁碑等。其中东汉永寿二年孔庙礼器碑是汉碑隶书之翘楚，金石学家对其评价极高，明人《金石史》称，"汉隶当以《孔庙礼器碑》为第一"，"字画之妙，非笔非手，古雅无前，若得之神功，非由人造，所谓'星流电转，纤逾植发'尚未足形容也；汉诸碑结体命意，皆可仿佛，独此碑如河汉，可望不可即也"。

三、碑之大成

禳盗刻石（拓片）

西汉

原石残高41厘米，宽35厘米，厚23.5厘米

济宁市博物馆

刻铭为：诸敢发我丘者令绝毋户后疾设不详者使绝毋户后毋谏卖人毋……

王陵塞石（局部）

西汉
全石高229厘米，宽93厘米，厚47厘米
曲阜市城南九龙山汉墓出土
曲阜市文物管理委员会

刻铭：王陵塞石广四尺
　　"广"指石块的宽度，是当时工匠记录的尺寸。该石为西汉诸侯鲁王庆忌陵墓的封门石。该墓有19块封门石，厚薄不均。鲁王庆忌于公元前88年继位，公元前51年去世。

莱子侯刻石

新莽
高57厘米，宽80厘米，厚52厘米
一级文物
邹城市峄山西南之卧虎山前发现
邹城博物馆

刻铭：始建国天凤三年二月十三日莱子侯为支人为封使偖子良等用百余人后子孙毋坏败

大意是，莱子侯为族人相好了一块墓地，聘请偖子良等百余人修建，并告诫后世子孙不要败坏这块基业。后人评价其书法"秀劲古茂"，是不可多得的汉隶书法艺术品。

新富里渎石

东汉建武二十二年
高18.5厘米，宽114厘米，厚39厘米
曲阜市小北关村北104国道西侧出土
曲阜市文物管理委员会

刻铭：建武廿二年十月作渎新富里

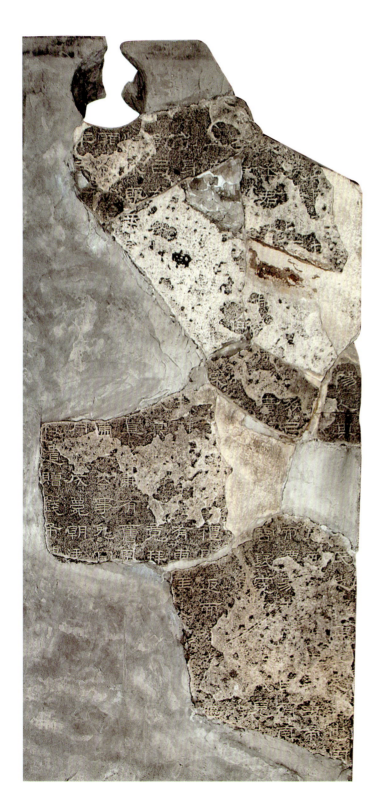

陶洛碑（残）

东汉
高204厘米，宽59厘米，厚22厘米
曲阜市城东陶洛村南出土
曲阜市文物管理委员会

汉故卫尉卿衡府君之碑

东汉建宁元年
高240厘米，宽110厘米，厚25厘米
一级文物
泰安市博物馆

鲁峻碑（拓片）

东汉熹平二年
原石高283厘米，宽115厘米，厚25厘米
济宁市博物馆

原碑在金乡山，碑额题"汉故司隶校尉忠惠父鲁君碑"。鲁峻，谥称"忠惠父"，汉山阳昌邑（今金乡、嘉祥一带）人，历任郎中、谒者、河内丞、侍御史、顿丘令、九江太守、太尉长史、御史中丞、司隶校尉、屯骑校尉等官职，享年六十一岁。该碑书体严峻遒劲，有人臆测为东汉蔡邕所书，可见对该碑书法推崇备至。

郑固碑（拓片）

东汉延熹元年
原石残高196厘米，宽80厘米，厚22厘米
济宁市博物馆

原碑在济宁州孔庙内，清雍正年间从土中掘
出。碑额篆书"汉故郎中郑君之碑"。郑固，汉
任城（今济宁）人，官拜郎中，因病去世，生卒事
迹不详。该碑书体笔法坚劲，古健雅洁，后人评
其为"汉隶杰作"。

景君碑（拓片）

东汉汉安二年
原石高220厘米，宽79厘米，厚18厘米
济宁市博物馆

武荣碑（拓片）

东汉永康元年
原石高243厘米，宽84厘米，厚26厘米
济宁市博物馆

原碑在嘉祥县武氏墓地，清乾隆年间移至济宁。碑
额题"汉故执金吾丞武君之碑"。武荣，汉任城（今
济宁）人，官拜郎中，升执金吾。执金吾官职为皇宫
近卫，地位显耀。武荣因皇帝驾崩悲伤过甚而病
逝，生卒不详。该碑书体流利圆和，淳古峭健，为汉
碑之佳作。

孙仲隐墓志

东汉熹平三年
高88.5厘米，宽34厘米，厚7厘米
一级文物
1958年高密井沟镇住王庄村出土
高密市博物馆

汉故谷城长荡阴令张君表颂碑

东汉中平三年
通高292厘米，宽107厘米，厚20厘米
一级文物
泰安市博物馆

彩绘陶楼

汉

通高37厘米，通长148厘米，底宽16.5厘米，底长130厘米

1985年淄博临淄金岭镇汉墓出土

山东省文物考古研究所

陶厨房

汉
通高36厘米，面阔27.8厘米，进
深26厘米
一级文物
东平县城原建筑公司家属院采集
东平县博物馆

陶猪圈

东汉
通高17.8厘米，长23.5厘米，
宽23.5厘米
二级文物
菏泽市博物馆

陶井圈

汉

高61.5厘米，口径83.5厘米，底径69.3厘米

一级文物

1983年高密大牟家镇大孙家村出土

高密市博物馆

腹部戳印：常飤食百廿宜孙子

"飤"同"饲"，吃的意思。这句是吉语，寓意生活富足，代代相传。这是套在井口处的井圈，不仅卫生，也方便打水。

陶井圈铭文

釉陶井

汉

高25.5厘米，底径16.8厘米

滕州市博物馆

陶仓

汉

高33厘米，仓体口径13.5厘米，底径19.5厘米

二级文物

德州市陵城区神头镇出土

陵县文博苑

　　俑是明器的一种，本义为偶人，用于随葬，是人殉的替代物。东周以后逐渐废弃了人殉这种陋习，俑的出现是历史的重大进步。秦汉时期以俑随葬的风俗十分盛行，皇帝和诸侯王陵随葬俑的规模往往十分盛大，最著名的有秦始皇陵兵马俑、汉景帝阳陵俑群、山东章丘危山兵马俑。以军队送葬是一种殊遇，文献记载，西汉著名将领霍去病死后，汉武帝"发属国玄甲军阵自长安至茂陵"，为之送葬，风光无比。墓葬中兵马俑随葬正是这一历史现象的真实写照。不过考古发现的以兵马俑随葬现象并不多见，可知以兵马俑随葬或以军队送葬不能随意为之，需要得到朝廷的许可。一般的贵族主要使用象征服务的侍从俑、乐舞俑和象征出行礼仪的骑马俑随葬，以示身份。有人认为偶人是俑的原始词义，广义的俑还包括与人俑相关的仿动物偶像，如猪、马、牛、羊、狗、鸡等。考古发掘中，动物俑十分常见，是汉代家庭或田园生活的写照。俑除了具有历史价值之外，还是珍贵的雕塑艺术品。俑多以陶和木来制作，其上绘彩，也有的直接在俑身上穿戴丝绸等服饰。汉代俑着重整体轮廓的塑造，古拙但动感强，不细琢但传神，正与汉代大气沉稳的时代气质相符。

彩绘乐舞杂技陶俑

西汉

通高21.5厘米，长67.5厘米，宽47.5厘米

一级文物

1969年济南北郊无影山西汉墓出土

济南市博物馆

彩绘载人载鼎陶鸟

西汉
高50.5厘米，长45厘米，宽37.5厘米
一级文物
1969年济南北郊无影山西汉墓出土
济南市博物馆

彩绘陶骑马女俑

西汉

高43厘米，长32厘米，宽13.4厘米

二级文物

济南市历城区唐王镇刘六务窑厂出土

济南市历城区博物馆

釉陶庖厨俑

汉

高30厘米

二级文物

平原县王凤楼镇王韩村出土

平原县图书馆

彩绘陶女俑

西汉

高29.4厘米

1999年平阴县西山墓地出土

济南市考古研究所

彩绘陶顶壶俑

西汉
高22.3厘米
二级文物
临沂市金雀山汉墓出土
临沂市博物馆

彩绘陶马

西汉
高23.7厘米，长27.2厘米，宽8.4厘米
1999年平阴县西山墓地出土
济南市考古研究所

彩绘陶马

汉
高69厘米，长66.5厘米，宽21.55厘米
二级文物
潍坊市寒亭区清池马宿出土
潍坊市寒亭区文物保管所

彩绘陶马

汉

高67.5厘米，长57厘米，宽24厘米

二级文物

潍坊市寒亭区清池马宿出土

潍坊市寒亭区文物保管所

彩绘陶马

汉

高67厘米，长64厘米，宽19厘米

二级文物

潍坊市寒亭区清池马宿出土

潍坊市寒亭区文物保管所

釉陶兽

汉

高13.5厘米

二级文物

德州市陵城区神头镇出土

陵县文博苑

绿釉陶狗

汉

高32厘米

二级文物

平原县王凤楼镇王韩村出土

平原县图书馆

　　陶器是人类最亲密的伙伴，自一万多年前陶器诞生起，直至今日仍是人们生活中离不开的器具。虽然在新石器时代晚期陶器制作达到历史顶峰之后，就被青铜器、铁器、漆器、瓷器等其他质地的器具所赶超，但是陶器制造业一直是各历史时期重要的手工业部门。陶器易于生产，可塑性强，实用性高，价格低，故从未被人们所抛弃。汉代物质极大丰富，在真正的瓷器诞生之前陶器仍是社会生活最重要的必需品，其种类、形制繁多，按功能大致分两类：生活用具和明器。生活用具一般都是实用性的，有的是炊煮器，如鼎、釜、甑等；有的是饮食器，如豆、盘、钵、耳杯、盒等；有的是酒水器，如壶、锺、钫、罍等；有的是存储器，如罐、瓮、缸；有的是日常用具，如灯、熏炉等。陶器容易碎，不好长期保存，目前完整陶器主要出于墓葬，上至皇帝下到百姓，都在使用陶器随葬，可见汉代陶器使用十分广泛，但生活陶器使用的主要对象集中在中下社会阶层人群。除了彩绘陶器和明器外，汉代的生活陶器制作技术不高，同类器形较为规整划一，故艺术性相对较低；但其历史和考古价值却不容忽视，不仅能反映当时百姓生活状况、社会风俗，而且利用其易碎、保存时间不长且形制变化快的特点来判断其他共生器物和遗迹的年代，是考古学上重要的年代标尺之一。

彩绘陶壶

西汉

通高30.8厘米，口径16.6厘米，腹径23.7厘米，
底径15.5厘米

三级文物

威海市博物馆

绿釉陶壶

汉

通高40厘米，口径15厘米，底径14.5厘米

三级文物

淄博市陶瓷博物馆

绿釉陶壶

汉

高46.5厘米，口径20厘米，底径20厘米

二级文物

平原县王凤楼镇王韩村出土

平原县图书馆

施釉硬陶壶

汉

通高46.3厘米，口径16.7厘米，腹径36厘米，

底径18 厘米

二级文物

日照市博物馆

施釉硬陶壶

汉

高44.5厘米，口径15.2厘米，底径19.1厘米

2002年日照市海曲墓地出土

山东省文物考古研究所

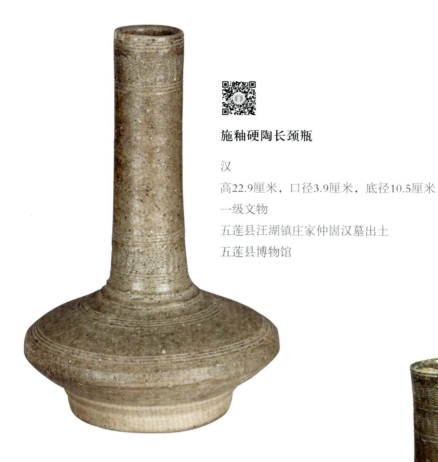

施釉硬陶长颈瓶

汉
高22.9厘米，口径3.9厘米，底径10.5厘米
一级文物
五莲县汪湖镇庄家仲崮汉墓出土
五莲县博物馆

施釉硬陶长颈瓶

汉
高24厘米，口径5.3厘米，底径12.5厘米
2002年日照海曲墓地出土
山东省文物考古研究所

施釉硬陶罐

汉
高31.5厘米，口径6厘米，底径16厘米
二级文物
1987年日照东港大古城汉墓出土
日照市博物馆

施釉硬陶罐

汉
高31厘米，口径12.4厘米，底径18.8厘米
2002年日照海曲墓地出土
山东省文物考古研究所

钱纹釉陶罐

东汉
高27厘米，口径15厘米，腹径25厘米，
底径13.5厘米
二级文物
枣庄市博物馆

"西舍"陶罐

汉
高33.5厘米，口径16厘米，底径9.5厘米
一级文物
青岛市黄岛区海青镇甲旺墩村出土
青岛市黄岛区博物馆

腹部铭文：西舍

九枝陶灯

汉

高41厘米，口径10.8厘米，底径22厘米

莱西市博物馆

陶虎子

西汉

高12.5厘米，长27厘米，宽14厘米

三级文物

东明县博物馆

铜器

　　夏商周是中国青铜器的辉煌时期，秦汉则是青铜器的衰落时期。夏商周青铜器在礼制的限制下使用，既是实用器，也是礼器，更多地具有政治和精神上的象征意义。该时期青铜器制作精良，装饰神秘，整体上显得厚重威严。春秋战国礼崩乐坏，铁器已发明和使用，对青铜器造成巨大的冲击。秦汉青铜器已摆脱礼器象征意义的束缚，转向实用，主要表现在两个方面：一是具有世俗性，和其他普通器具一样，青铜器的使用不再被严格地限制，从皇帝朝臣到普通百姓都可以使用，器形轻薄，形制简洁，去神秘和威严化，偏于实用；二是具有商业化特征，虽然处于衰落期，但青铜器生产规模依然较大，买卖十分普遍，在很多青铜器的铭文上不仅注明了生产地，而且写明了购买价钱。汉代青铜器价格处于陶器和漆器之间，西汉《盐铁轮》就记载"一文杯得铜杯十，贾贱而用不殊"，意思是一件带纹饰漆杯的价钱，与十件铜杯相当，铜杯虽然价格便宜但使用起来与漆杯并没有什么分别。这是作者批评贵族用度奢靡之语，但也反映出青铜器是当时社会中很普通的器具，远不如漆器贵重。从发掘出土品来看，汉代青铜器装饰分为两个极端，一是器表简朴、没有任何装饰，为社会各阶层所使用，艺术价值略低；二是器表装饰奢华，表现在鎏金、错金银、镶嵌宝石等青铜器工艺方面，这些器物主要源于诸侯、地主等贵族之家，艺术价值较高。

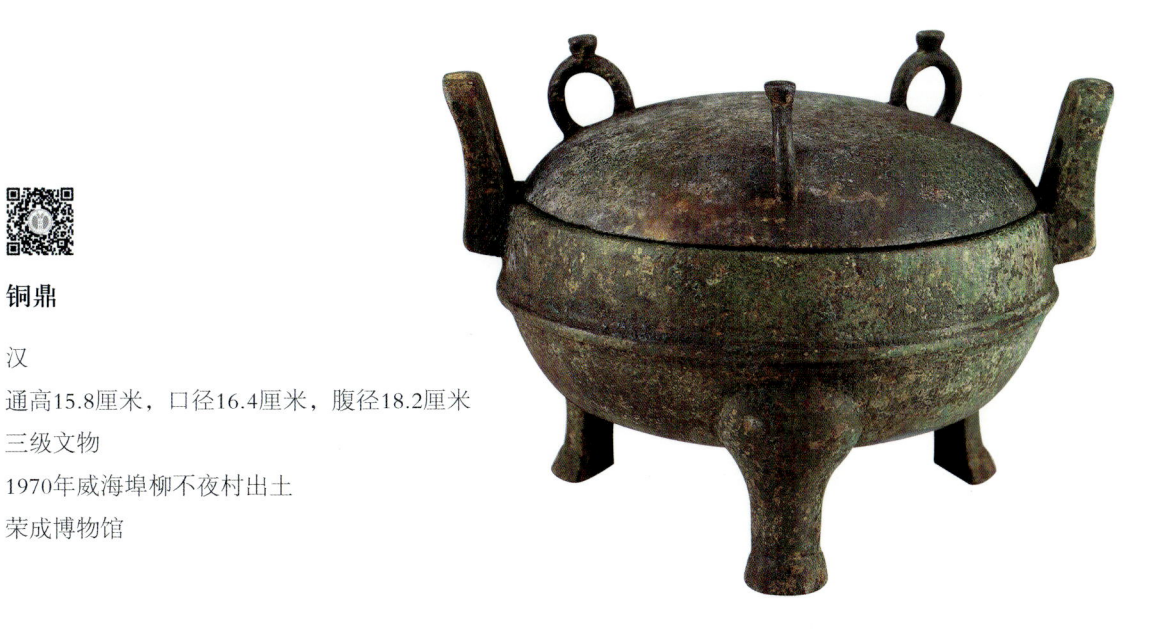

铜鼎

汉

通高15.8厘米，口径16.4厘米，腹径18.2厘米

三级文物

1970年威海埠柳不夜村出土

荣成博物馆

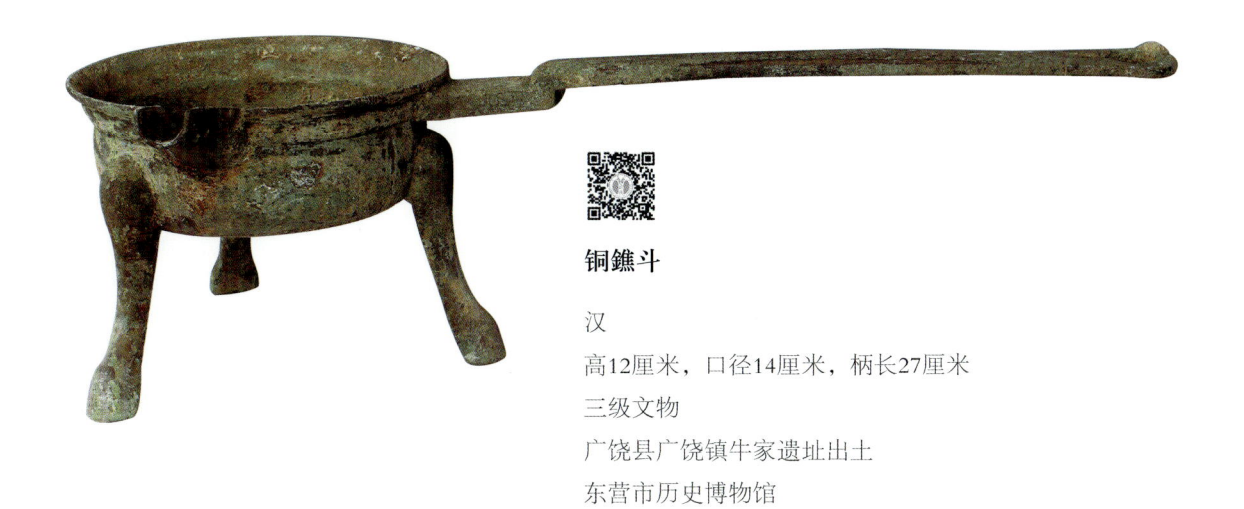

铜鐎斗

汉

高12厘米，口径14厘米，柄长27厘米

三级文物

广饶县广饶镇牛家遗址出土

东营市历史博物馆

铜鐎壶

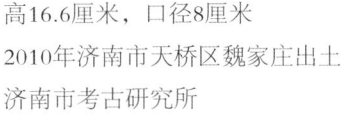

西汉

高16.6厘米，口径8厘米

2010年济南市天桥区魏家庄出土

济南市考古研究所

铜鐎壶

汉

高14厘米，口径6.6厘米，

柄长8.5厘米

三级文物

2002年日照海曲墓地出土

日照市博物馆

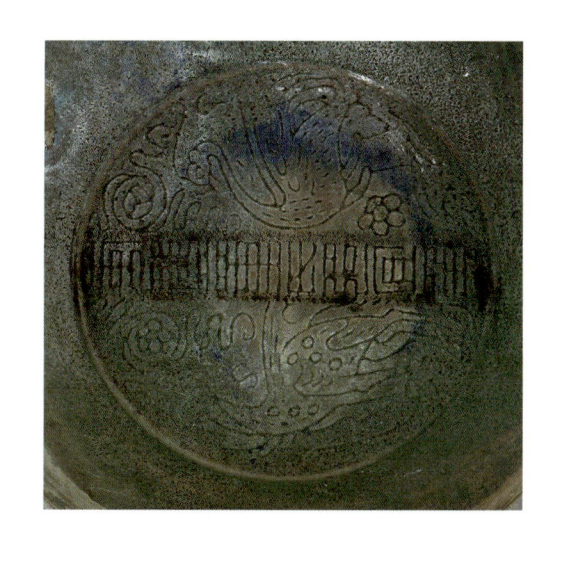

"蜀郡董氏造"铜洗

东汉

高16.2厘米，口径34.3厘米，底径21.3厘米

三级文物

1980年苍山县（今兰陵县）柞城故城遗址出土

兰陵县文物管理所

铜器内底装饰图案和文字，正中一行隶书："蜀郡董氏造，宜侯"。隶书左侧为鹿纹，右侧为鹤纹。图案和文字均具有吉祥的寓意，鹿与禄谐音，象征福禄，鹤象征长寿，"宜侯"则象征高官厚禄。

铜熨斗

汉

通长36厘米，把长20.5厘米，口径15.6厘米

三级文物

临沭县文物保护管理所

"缪公"铜锺

东汉

高39.5厘米，口径16.5厘米，腹径26.5厘米，底径25厘米

一级文物

1980年苍山县（今兰陵县）柞城故城遗址出土

兰陵县文物管理所

"南武阳大司农平斗"单耳铜量

东汉永平五年
通高8.8厘米，口径19.5厘米，底径17.1厘米
一级文物
嘉祥县周村铺村出土
嘉祥县旅游文物局

外壁刻铭：南武阳大司农平斗永平五年闰月造
南武阳为地名，在今费县境内。大司农为东汉官职，负责掌管政府财政和粮食。东汉初期度量衡比较混乱，光武帝为统一度量衡，制定了标准器。汉代一斛为十斗，一斗为十升，汉代一升约等于今天的200毫升。

单耳铜量铭文

铜牛灯

汉

高7.9厘米，长19.5厘米，宽7.7厘米

三级文物

日照市博物馆

铜羊灯

汉

高8.8厘米，长15.5厘米，宽5.9厘米

三级文物

莒南县经济开发区出土

莒南县博物馆

立鹤展翅铜博山炉
汉代
通高23.8厘米，口径9.2厘米
2010年济南市天桥区翟家庄出土
济南市考古研究所

凤鸟衔环铜熏炉
汉
通高21.4厘米，座径其长20.2厘米
二级文物
1983年济南后侧王村并碾罐王沟东村出土
济南市博物馆

镂空龙纹铜炉

东汉

通高15.9厘米，通长20厘米，通宽13厘米

一级文物

2011年巨野县独山镇金山石室墓出土

巨野县文物管理所

三足兽角纹铜矛柲

汉

通长 64.5 厘米

一般文物

1983 年沂南县砖埠乡王沟东村出土

沂南县博物馆

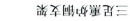

狮钮"范式印信"子母铜印

东汉
通高2.8厘米，边长1.2厘米
一级文物
嘉祥县纸坊镇范式墓出土
嘉祥县旅游文物局

瓦钮"军假司马"铜印

东汉
高2.1厘米，边长2.4厘米
三级文物
1973年莒南县大店镇废品收购站采集
莒南县博物馆

"右盐主官"铜印

汉

通高9.1厘米，长25.5厘米，宽23.7厘米

莱州市西由街西出土

莱州市博物馆

鎏金铜鸳鸯镇

汉

单件高3.9厘米，长径5.8厘米，短径4.6厘米

二级文物

1993年郯城县白溪汪村汉墓出土

郯城县文物管理所

铜獬豸

东汉

通高31厘米，通长62厘米

一级文物

1967年诸城前凉台东汉孙琮墓
出土

诸城市博物馆

鎏金铜凤鸟

西汉

高17厘米

一级文物

平度市博物馆

铜鎏金镶嵌兽面饰件

汉

长14.9厘米，宽4.8厘米，厚2.1厘米

二级文物

宜春市十字路明园高新区墅材庵墓出土

宜春市博物馆

星云纹铜镜

西汉

直径15.6厘米，厚0.6厘米

一级文物

1989年诸城桃林东亮马村汉墓出土

诸城市博物馆

连弧乳钉纹铜镜

西汉

直径10.9厘米，厚0.5厘米

二级文物

1985年诸城城关杨家庄子瓦厂木椁墓出土

诸城市博物馆

博局纹铜镜

西汉

直径10.4厘米，厚0.4厘米

二级文物

1967年诸城马庄臧家庄出土

诸城市博物馆

神兽铜镜

汉

直径15.5厘米

三级文物

沂水县崔家峪南黄家庄出土

沂水县博物馆

博局纹铜镜

汉

直径14.1厘米，厚0.5厘米

二级文物

日照市博物馆

连弧纹昭明铜镜

汉

直径10.3厘米，厚0.36厘米

薛城区文物管理站

龙虎神仙铜镜

东汉

直径14.4厘米

三级文物

莒县博物馆

四乳四虺纹铜镜

汉

直径15.5厘米

2010年济南市天桥区魏家庄出土

济南市考古研究所

美布五五作布

铜质

长4.1厘米，宽2.3厘米

二级文物

青岛市博物馆

一刀平五千错金刀币

铜质

长7.5厘米

二级文物

莽钱八铢莫名铸造村（今属临沂市兰山区）出土

临沂市中区文物管理所

一刀平五千错金刀币

铜质

长7.3厘米

临沂市博物馆

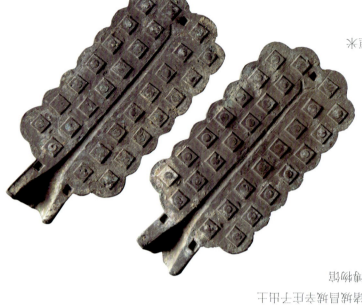

偶菱铜钱范
汉
通体长15.5厘米，宽7.1厘米，直1.6厘米
一级文物
珠海市博物馆

五铢铜钱范
汉
长24.5厘米，宽8.3厘米，直1.2厘米
二级文物
1979年珠海昌盛茶寮村王屋
珠海市博物馆

太清丰乐铜钱范
刘宋
边长7.5厘米，直0.9厘米
二级文物
苏州市图书馆

铜钺

西汉

长20.2厘米，刃宽26.9厘米，厚3.8厘米

一级文物

1994年沂南县砖埠镇任家庄出土

沂南县博物馆

銎部刻铭：廿四年莒阳丞寺库齐佐平臧

出土铜钺地点为汉代阳都故城，汉初阳都
地属齐国的城阳郡，文帝时期置城阳国，阳
都也划归城阳国管辖。西汉诸侯和列侯在
本国均有自己的纪年。此刻铭中"廿四年"
当是城阳国诸侯王纪年，以此推测为城阳
王刘喜二十四年（前153年）或城阳王刘延
二十四年（前120年）。

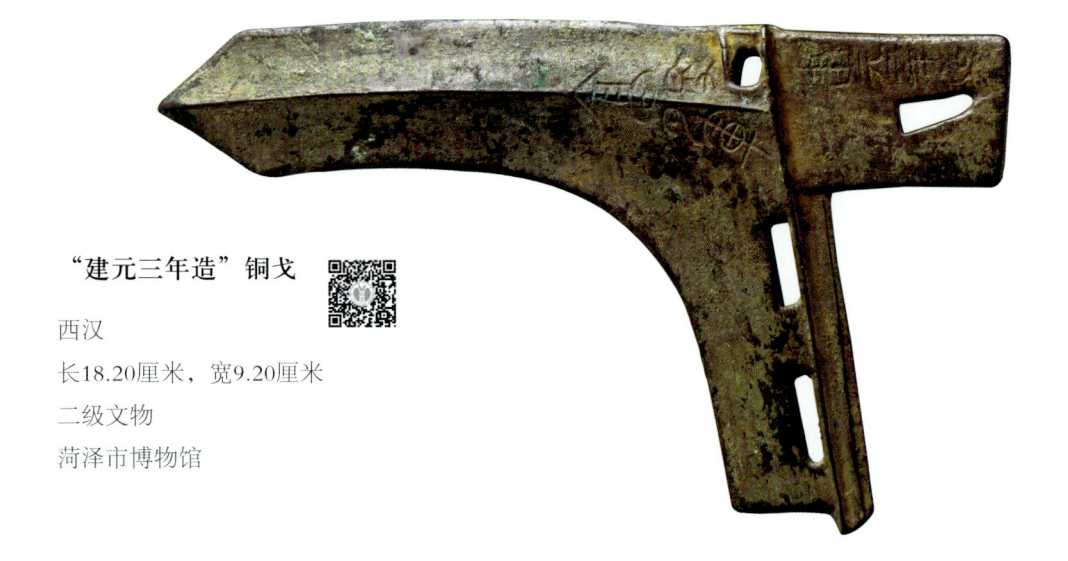

"建元三年造"铜戈

西汉

长18.20厘米，宽9.20厘米

二级文物

菏泽市博物馆

中国"贵玉"的观念由来已久，主要表现在礼制、装饰、丧葬等三个方面。汉代圭、璧依然是权贵的象征，也是神灵的化身，是为礼玉。汉代人以玉佩身，不仅是美观的需求，也是身份的象征。古人常常将玉喻作高尚品德之物，故君子往往玉不离身，如环、璜、玦、剑饰等，是为饰玉。玉也是不朽的象征，汉代人常以之随葬，如玉衣、玉握、玉九塞等，是为葬玉。实际上这三类玉器并没有完全的界限，秦汉时期流行佩剑，装饰有玉的剑被称为"玉具剑"，此类玉饰件既具有装饰作用，也是礼仪的象征。

宜子孙玉璧

东汉
通长20.8厘米，璧直径15.4厘米，厚0.4厘米
一级文物
青州市博物馆

青玉璧

西汉
直径14.3厘米，厚0.3厘米
三级文物
莱西市董家庄西汉墓出土
莱西市博物馆

玉琀

汉

长2.1厘米，宽1.7厘米，厚1.1厘米

三级文物

2002年日照海曲墓地出土

日照市博物馆

玉塞

汉

长1.9—2.4厘米，直径1.1—1.2厘米

三级文物

2002年日照海曲墓地出土

日照市博物馆

白玉璜

汉

长7.29厘米，宽2.87厘米，直0.5厘米

沂水县北王沟汉墓北区采集

沂水县文物管理保护所

白玉剑璏

汉

长9.8厘米，宽2.6厘米，直1.8厘米

二级文物

青岛市黄岛区琅琊海东头小李北山出土

青岛市黄岛区博物馆

龙柄玉斗

西汉

厚3.9厘米，口径7.5厘米，底径4.2厘米，柄长4.4厘米

2011年花山区（今兰陵县）陈瓦房窑山汉墓出土

兰陵县文物管理保护所

玉琀蝉

汉
图2.7厘米，长10.1厘米，宽2.3厘米
二级文物
青岛市博物馆

玉舞人

西汉
图4.2厘米，宽2厘米
一般文物
即墨市博物馆

玉琀蝉

汉
图3.1厘米，长11.5厘米，宽2.8厘米
济南市博物馆

水晶兽
东汉
图2.3厘米,长4厘米,宽2.85厘米
一级文物
1972年临沂金雀山南坡出土
临沂市博物馆

玉龙佩
汉
图8厘米,长37厘米
东晋市历史博物馆

玉鱼鹅
汉
长14.24厘米,宽6.8厘米,
厚4.81厘米
一级文物
图瓷市博物馆

瓦当俗称瓦头，是房屋建筑的一个构件，既有实用性，又有装饰性。瓦当起源于西周，秦汉时大放异彩，其上装饰图案极其丰富，具有原创性，艺术性较高，是当今民间收藏的热点之一。秦汉瓦当装饰纹样大致可以分为三大类：一是图像纹样，如人物、龙、虎、马、蟾蜍、玉兔、兽面等；二是图案纹样，如云气、几何纹、莲花纹等；三是文字装饰，一般为地名和吉祥用语，如"兰池宫当"、"汉并天下"、"长乐未央"、"延年益寿"等。小小瓦当，依然透露出秦汉大气磅礴的时代气息！

秦汉物质生活极大丰富，体现在器物上，质地种类多，造型各异。其他还有钱币、钱范、漆木器、骨角牙、金银器和铁器等，均有精品流传于世。

千秋万岁瓦当

秦

当面直径18.5厘米，厚2.7厘米；筒瓦残长4.8厘米

一级文物

青岛市黄岛区琅琊台出土

青岛市黄岛区博物馆

长生无极瓦当（后世改为砚）

汉

当面直径17厘米，筒瓦长33厘米

二级文物

昌邑市博物馆

千周万岁半瓦当

汉

直径16厘米，厚2厘米

二级文物

莱西市西沙埠遗址出土

莱西市博物馆

兽面纹瓦当

汉

直径17.5厘米，厚4.8厘米

章丘市平陵城遗址出土

山东省文物考古研究所

花瓣纹瓦当

汉

直径12.5厘米，厚3.5厘米

山东省文物考古研究所

白虎纹陶棺

汉

长33厘米，宽16.2厘米

二级文物

1988年临沂奁金庄山出土

临沂市博物馆

青龙纹陶棺

汉

长32.8厘米，宽16.8厘米

二级文物

1988年临沂奁金庄山出土

临沂市博物馆

玄武纹陶砖

汉
长32.5厘米，宽16.7厘米
二级文物
1988年临沂金雀山出土
临沂市博物馆

朱雀纹陶砖

汉
长32.2厘米，宽16.5厘米
二级文物
1988年临沂金雀山出土
临沂市博物馆

五龙戏珠石砚

东汉
通高7.5厘米，直径20 厘米
一级文物
1994年沂南县北寨村出土
沂南县博物馆

半两石钱范

西汉
长26.2厘米，宽12.3厘米，厚1.5厘米
二级文物
1972年莱芜苗山镇铜山村出土
莱芜市文物局

提线木偶

西汉
通高193厘米，肩宽47厘米
一级文物
莱西市岱墅西汉墓出土
莱西市博物馆

目 录

通过普查有力推动了可移动文物资源服务社会、惠及人民群众。五年来全省各级各类博物馆从149家增加到451家，接待观众人数增长了2.5倍。通过巡展、联展形成藏品资源共享平台，充分利用文物普查成果，举办了普查成果展、汉画像石精品展、"永远的孔子"展等15个全省巡回展览。"文物山东——山东省可移动文物数据库综合管理服务平台"PC端和移动端网站同步上线，并开通微信公众号。省文物保护委员会聘任了10位山东省文物保护修复咨询专家，省文物局聘请了51位山东省文物修复师。成立山东省文物保护修复中心，组建了3个可移动文物保护区域中心、1个科研基地和7个工作站。投资2亿元、占地40亩的山东省文物保护科研修复工场将于今年10月建成。

　　为使全省第一次全国可移动文物普查成果进一步服务社会，山东省文物局编辑出版了《文物山东——第一次全国可移动文物普查藏品集萃》《博物山东——第一次全国可移动文物普查博物馆集锦》。前者以历史发展为脉络，遴选了普查新发现的文物和馆藏珍贵文物1000余件；后者以地市级行政区划为单元，辑选了200多家各类型博物馆，充分展示了本次普查重点收藏单位的工作成果，反映了山东先民创造的博大精深、独领风骚的齐鲁文化遗产和我省蓬勃发展的博物馆事业。

　　文物保护永远在路上。我们要认真贯彻落实党中央、国务院和省委、省政府关于文物工作的部署要求，以更加饱满的热情、更加务实的作风、更加有效的措施，进一步巩固扩大可移动文物普查成果，推动文物保护利用工作不断迈上新台阶。

周晓波

2017年4月17日

序　言

　　可移动文物是文化遗产资源的重要组成部分，是中华文明的重要载体，是传承弘扬优秀传统文化的根基和依托。2012年至2016年，按照国务院统一部署，山东省开展了第一次全国可移动文物普查。这是建国以来首次针对可移动文物领域的重大国情国力调查，普查范围是各级国家机关、事业单位、国有企业和国有控股企业等各类国有单位收藏保管的可移动文物。

　　五年来，在省委、省政府正确领导下，在省文物保护委员会各成员单位、各级政府的大力支持下，全省各级普查机构精心组织、扎实推进，广大一线普查员攻坚克难、奋发进取，圆满完成了国有单位文物收藏情况摸底调查、文物认定、信息采集登录、数据审核各阶段任务，普查工作取得丰硕成果。在国务院召开的第一次全国可移动文物普查总结电视电话会议上，季缃绮副省长代表山东省作了典型发言。

　　通过普查全面掌握了全省国有可移动文物资源总体情况。截至2016年12月31日，全省671家国有可移动文物收藏单位，在全国可移动文物信息平台共登录文物藏品286万余件/套（实际数量558万余件），居全国第三位。普查不仅对文物本体信息逐项登记，还对收藏单位情况、文物保管条件等开展了调查，建立了文物身份证制度和文物资源数据库，实现了摸清家底、建立登录制度、服务社会的工作目标。

　　通过普查进一步提升了可移动文物工作管理水平。全省各级各行业成立普查机构160个，组织普查员、志愿者近万人，调查国有单位6.7万多家。创新实施文物信息采集登录"四步登录法"、数据审核专家责任制等工作机制，把质量管控落实到了源头预防、逐级审核上，全省普查差错率控制在0.2%以内，普查进度、登录单位和文物数量、数据质量指标均居全国前列。

普查海岱文物
滋养读者心灵

耿宝昌题

耿宝昌题词

编委会

主　　任：周晓波
副 主 任：张卫军
成　　员：李兴奎　荣瑞峰

编辑组

组　　长：荣瑞峰
成　　员：（以姓氏笔画为序）
　　　　　王海玉　布明虎　阮　浩　孙　洋　肖贵田　吴晓波
　　　　　孟繁同　钟　宁　徐　战　高　震　滕　卫
摄　　影：阮　浩
特邀编审：肖贵田　滕　卫　高　震

图书在版编目（CIP）数据

文物山东：第一次全国可移动文物普查藏品集萃 ／ 山东省文
物局编． —— 北京 ：中华书局，2017.8
ISBN 978-7-101-12542-9

Ⅰ．①文… Ⅱ．①山… Ⅲ．①文物－普查－
概况－山东 Ⅳ．①K872.52

中国版本图书馆CIP数据核字(2017)第072415号

题　　签　于茂阳

书　　名	文物山东
	——第一次全国可移动文物普查藏品集萃
编　　著	山东省文物局
责任编辑	许旭虹
装帧设计	许丽娟
制　　版	北京禾风雅艺图文设计有限公司
出版发行	中华书局
	（北京市丰台区太平桥西里38号 100073）
	http://www.zhbc.com.cn
	E-mail:zhbc@zhbc.com.cn
印　　刷	北京今日风景印刷有限公司
版　　次	2017年8月北京第1版
	2017年8月北京第1次印刷
规　　格	开本889×1194毫米　1/16
	印张52　字数50千字
国际书号	ISBN 978-7-101-12542-9
定　　价	1280.00元

文物山东

第一次全国可移动文物普查藏品集萃

山东省文物局　编著

上

中华书局

第四编

魏晋南北朝——乱世清流

1986年山东临朐北齐崔芬墓壁画

乱世清流

　　魏晋南北朝是一个乱世，表现为疆土割据、政权更迭、战争频繁、社会动荡；但乱世之中也涌现出股股清流，推动着历史步伐继续前进。"清流"原喻为品行高尚、有名望的士大夫，这里指的是乱世中所呈现的艺术成就和社会新风，主要表现为中华各民族的融合和思想文化的创新。

　　魏晋南北朝是我国境内各民族大迁徙、大融合的时代。北方游牧民族大量南迁，虽然冲突不断，但也逐渐接受汉族先进文化，过着定居农业生活，学习汉族典章制度，模仿汉族生活习惯，与汉族杂居和通婚，穿汉服，说汉话；同时，汉族不仅吸纳北方少数民族的优点，也在继承自身文化传统上不断优化，逐渐趋于消除民族隔阂和民族差异，实现了民族大融合。这是历史的进步，也是历史发展的趋势。

　　魏晋南北朝是我国继春秋战国以后政权分裂最久的一个时期，虽然社会动荡不安，但文化艺术却异常繁荣，是一个思想文化创新和开端的时代。文学成就以孔融、王粲为首的建安七子为代表，开创了诗、赋、散文多种文体繁荣的时代；玄学成就以嵇康、阮籍等为首的竹林七贤为代表，塑造了一代文人时代精神；书画成就以王羲之、王献之、顾恺之、陆探微、张僧繇为代表，前两人被后世尊为"书法二圣"，后三人被尊为"画家三祖"；佛教成就以敦煌、云冈、龙门三大石窟为代表，掀起了中国历史上第一次佛教信仰的高潮；瓷器成就表现在创烧出白瓷，开启后世青白两系争奇斗艳的历史。此时期取得的文化艺术成就，不仅令后人望尘莫及，也一直成为后世的楷模。人们可能奇怪为什么在如此动乱时期有如此高的文化成就，简而言之，政权的频繁更迭和民族的大迁徙，打破了以往制度和传统对人性的禁锢，人们普遍追求个性和自由，特别是在文人和工匠阶层，唤起了普遍的自觉，有意识地进行创新，推动着前所未有的艺术创作活动。山东该时期文化遗存虽然不多，主要集中在佛教石窟、佛教造像、墓葬和壁画方面，但依然反映了当时人们生活的状态和艺术的繁荣。

风度往往指某个人的言谈举止和仪态，饱含夸赞之意。魏晋风度则指一群人的言谈举止和仪态，具体而言是指当时名士率直任性、逍遥脱俗的态度和行为，代表了魏晋时代独特的人文精神和生活方式，并为当时甚至后来人所崇尚和仿效。代表人物有曹植、竹林七贤、陶渊明等，具体表现方式有清谈、饮酒、服药、爱美、放情山水、作诗写赋，崇尚玄学的虚无和智慧，追求现实的享乐和解脱。虽然有一些消极的内容，但这些名士创造了一个时代文化的辉煌，在文学、哲学、艺术方面均做出了卓越的贡献，引领了当时的风尚，也成为一个时代的标志。

　　山东魏晋名士众多，多出自名门，对当时和后世有极大的影响。曹魏时期东海郯城人王朗、王肃父子在朝廷为官；琅琊阳都（沂南）人诸葛诞是早期玄学代表人物；山阳高平（金乡）人王弼为正始名士，虽然二十四岁就离世，但其学术成就卓著，开正始玄学新风，其治学方法和哲学思想对后世影响深远。西晋名士琅琊人王祥因"卧冰求鲤"孝行而闻名；琅琊人王戎、王衍兄弟，前者是竹林七贤之一，后者自比子贡，是西晋玄学领军人物。东晋时期琅琊人王导曾为当朝宰相；高平人郗鉴以"儒雅著名"；琅琊人王羲之书《兰亭集序》，被誉为"天下第一行书"，其堂伯父王导、王敦既是朝臣，也是当世名士。琅琊王氏是两晋时期山东名门望族，所出名士较多，在历史上做出了巨大贡献。

　　曹植为曹操之子,曾于公元229年为东阿王,并迁徙到山东东阿(今山东阳谷阿城镇)居住,又于公元232年改徙河南,受封为陈王,并于当年11月因病而薨,时年四十一岁,后世称其为"陈思王"。按照曹植生前的遗愿,其子将其葬于东阿鱼山。

　　1951年文物部门对曹植墓进行了发掘。曹植墓位于今东阿县城南鱼山的西麓,内部总面积仅30平方米,出土器物132件,主要是陶器,其中有5件陶罐,其上戳印"丹药"二字;另外有一砖铭,清楚记录了为陈思王建陵墓一事,摘录如下:"太和七年三月一日壬戌朔十五日丙午,兖州刺史侯昶遣士朱周等二百人作毕陈王陵,各赐休二百日,别督郎中王纳主者司徒从掾位张顺"。可知陈思王在东阿下葬的时间是太和七年,即公元233年3月,他逝于公元232年11月,故应是从河南迁葬而来。

　　曹植是魏晋时期名士之一,才华横溢,被后人誉为诗家"仙才",称其诗文"骨气奇高,词彩华茂,情兼雅怨,体被文质,粲溢今古,卓尔不群"。他的《洛神赋》被千古传颂,东晋大画家顾恺之专门为此创作了一幅《洛神赋图》,辉映成趣。曹植墓规模不大,器物数量不多且质量不精,除了与曹魏时期实行薄葬有关,也与曹植个人超脱而朴素的人格有关。又据学者考证,曹植死因或与他"任性而行、饮酒不节"有关。且墓中随葬丹药罐,可能其生前也在服食丹药。这一切均符合魏晋名士的行事风格。

石圭

三国魏

高22.7厘米，宽11厘米，厚2.7厘米

三级文物

东阿县曹植墓出土

东阿县文物管理所

石璧

三国魏

直径25.2厘米，厚1厘米

三级文物

东阿县曹植墓出土

东阿县文物管理所

陶鸡、陶鸭、陶鹅、陶狗

三国魏
鸡通长24.7厘米，鸭通长33厘米，鹅通长43厘米，狗通长42厘米
三级文物
东阿县曹植墓出土
东阿县文物管理所

四系陶丹药罐

三国魏

通高19.8厘米，口径10.5厘米， 底径12.4厘米

三级文物

东阿县曹植墓出土

东阿县文物管理所

陶罐肩部"丹药"戳印

四系陶丹药罐

三国魏

通高20.5厘米， 口径12厘米， 底径13.5厘米

三级文物

东阿县曹植墓出土

东阿县文物管理所

陶炉

三国魏
通高5.7厘米，炉口径8.3厘米，
托盘口径21厘米
三级文物
东阿县曹植墓出土
东阿县文物管理所

陶魁

三国魏
高4.2厘米，口径27.2厘米，柄长10.5厘米
三级文物
东阿县曹植墓出土
东阿县文物管理所

陶文字砖

三国魏太和七年
长43厘米，宽20厘米，厚11厘米
二级文物
东阿县曹植墓出土
东阿县文物管理所

砖三面刻铭：太和七年三月一日壬戌朔十五日丙午兖州刺史侯昶遣
士朱周等二百人作毕陈王陵各赐休二百日别督郎中王纳主者司徒
从掾位张顺

琅琊望族

　　2003年因工程扩建在临沂市洗砚池街王羲之故居工地发现两座西晋墓，均为砖室。一号墓为双室并列，南北长4.6米，双室共宽7.55米；共出土各类器物273件/套，以仙人骑狮铜烛台和越窑胡人骑狮烛台最为珍贵。二号墓为一对成年夫妇合葬墓，结构保存较好，是目前山东发现规模最大的晋代单室墓，惜多次被盗，仅存器物30余件/套。一号墓中出土多件带"太康"纪年的漆器，最晚的为太康十年（289），可知为西晋墓葬。初步推测两座墓葬主人当来自西晋琅琊望族，可能是琅琊王司马家族，也可能是琅琊本地名门大族，身份尊贵。经专家鉴定，此次出土一级文物7件、二级文物7件、三级文物45件，因其具有重要考古和历史价值，被评为当年度全国十大考古新发现。

青釉胡人骑狮烛台

西晋

通高27.1厘米，长20.5厘米，宽10.1厘米

一级文物

2003年临沂市王羲之故居扩建工程出土

临沂市博物馆

凤鸟衔鱼负雏铜熏炉

西晋
通高16.6厘米；凤身长20厘米，宽15厘米；
底盘径15.5厘米
一级文物
2003年临沂市王羲之故居扩建工程出土
临沂市博物馆

仙人骑狮铜烛台

西晋
通高18.9厘米，长14.2厘米，宽8.5厘米
一级文物
2003年临沂市王羲之故居扩建工程出土
临沂市博物馆

金珰

西晋
长4.9厘米，宽5.3厘米
三级文物
2003年临沂市王羲之故居扩建工程出土
临沂市博物馆

铜熏炉

西晋
通高13厘米，底盘口径21.2厘米
二级文物
2003年临沂市王羲之故居扩建工程出土
临沂市博物馆

铜弩机

三国魏正始三年

高5.4厘米，长11.8厘米

二级文物

2003年临沂市王羲之故居扩建工程出土

临沂市博物馆

其上刻铭：正始二年五月十日左尚方造监作

吏晁泉牙匠马广师张白臂匠江子师王阿

侧面刻铭：武百六十六

青釉鸡首壶

西晋

高12厘米，口径6.4厘米

二级文物

2003年临沂市王羲之故居扩建工程出土

临沂市博物馆

铜魁

西晋

高10.8厘米，口径20.8厘米

三级文物

2003年临沂市王羲之故居扩建工程出土

临沂市博物馆

二、胡风国俗

　　魏晋南北朝时期北方少数民族大量涌入中原，各民族间既有冲撞，也有融合，给先进的汉族文化注入了新鲜的血液。北朝虽是鲜卑族政权，但总体上执行汉化政策，特别是北魏孝文帝改革后，"群臣皆服汉魏衣冠"，朝廷重用汉族官吏，鲜卑族与汉族通婚。纵使这样，南朝人仍然对北朝讥讽道，"佛狸（指北魏太武帝拓跋焘）已来，稍僭华典，胡风国俗，杂相揉乱"，所谓"国俗"即汉族典章制度和风俗。从民族融合来看，这种"杂相揉乱"的胡风国俗局面，是历史的进步。

　　北朝的胡风在服饰上表现特别明显，反映在文物上主要是陶俑、墓葬壁画和画像石中的人物形象，其中山东最为重要的发现是济南东八里洼墓北朝陶俑和青州傅家北齐线刻画像石。东八里洼墓为1986年发掘，出土56件人物陶俑，有武士、胡人、侍者等形象。武士俑有穿明光铠，也有穿两裆铠；前者胸背处装有金属圆形护镜，因在阳光下会反光得名；后者有前后两片，类似背心，"其一当胸，其一当背"，均是汉族服饰；但其下身的"袴"，俗称"裤"，则是北方少数民族的典型服饰，便于骑射。胡人俑戴风帽，外加披风，均为北方少数民族服饰。其他男女俑中的褶袴衣、短袖衣、翻领衣、皮靴，为胡服样式；交领宽袖襦衫则是汉服样式。东八里洼墓陶俑服饰充分体现了北朝时期"胡风国俗"杂糅的现象，总体上北朝汉服由宽衣博带向紧身适体、轻巧便利发展，是汉服革新的体现。傅家线刻画像石现存9块，1971年兴修水利时发现，未经过科学的发掘，有学者认为是一座北齐墓葬中的石椁或石棺，画像刻画的是墓主人出行起居以及与中亚商人来往的内容。如第二石刻画的是"商谈图"，图中三个人物，其一为戴小冠的汉族官人形象，被推定为墓主人；其二为深目高鼻的胡人形象，被推定为来自中亚的粟特贵族商人；其三为裹头端盘站立的男者，应是侍者。主人上衣交领宽袖，是典型汉族服饰，南北均流行；裤口紧窄是北方少数民族服饰特点，后南北汉人通用此样式裤。胡人穿着联珠纹紧身袍服，联珠纹是中亚一带典型的装饰纹饰，在北朝佛教建筑和其他日常器物上十分常见。傅家线刻画内容不仅体现了北朝时期中华民族之间的融合，也反映了中国与中亚之间的经贸和文化交流。

彩绘陶说唱俑

西晋
通高25.2厘米
邹城市郭里镇独山村西晋
刘宝墓出土
邹城博物馆

白陶舞俑

南北朝

通高16厘米

二级文物

1972年平邑县出土

临沂市博物馆

白陶舞俑

南北朝

通高18.8厘米

二级文物

1972年平邑县出土

临沂市博物馆

彩绘陶女侍俑

北朝
通高20.8厘米，身宽5.2厘米，厚4厘米
1986年济南市东八里洼出土
山东省文物考古研究所

彩绘陶女侍俑

北朝
通高21厘米，身宽5.5厘米，厚4.8厘米
1986年济南市东八里洼出土
山东省文物考古研究所

彩绘陶披两当甲俑

北朝

通高26.7厘米，身宽7.1厘米，
厚6.2厘米

1986年济南市东八里洼出土

山东省文物考古研究所

彩绘陶背箭箙俑

北朝

通高24厘米，身宽7.7厘米，厚5.2厘米

1986年济南市东八里洼出土

山东省文物考古研究所

彩绘陶戴风帽俑

北朝
通高24.2厘米，身宽7.8厘米，
厚6.3厘米
1986年济南市东八里洼出土
山东省文物考古研究所

彩绘陶男侍俑

北朝
通高22.5厘米，身宽5.7厘米，厚5.3厘米
1986年济南市东八里洼出土
山东省文物考古研究所

彩绘陶持盾武士俑

北朝
通高23.8厘米，身宽8.6厘米，厚7厘米
1986年济南市东八里洼出土
山东省文物考古研究所

彩绘陶持盾甲胄武士俑

北朝
通高21厘米，身宽8厘米，厚7厘米
1986年济南市东八里洼出土
山东省文物考古研究所

线刻主仆交谈图画像石（拓片）

北齐

原石高134.8厘米，宽97.26厘米，厚11厘米

一级文物

1971年益都县（今青州市）傅家庄出土

青州市博物馆

线刻出行图画像石（拓片）

北齐
原石高140厘米，宽100厘米，厚14厘米
一级文物
1971年益都县（今青州市）傅家庄出土
青州市博物馆

线刻轿乘图画像石（拓片）

北齐

原石高135厘米，宽80.5厘米，厚11.5厘米

一级文物

1971年益都县（今青州市）傅家庄出土

青州市博物馆

线刻商谈图画像石（拓片）

北齐

原石高136.8厘米，宽80.5厘米，厚11.5厘米

一级文物

1971年益都县（今青州市）傅家庄出土

青州市博物馆

三、炼泥成瓷

瓷器最早在中国发明，是中华文明的重要符号。瓷器的发明源于陶器，其出现并非一朝一夕，而是经历了非常漫长的历史时期。关于瓷器的标准和起源问题学术界尚有争论，一般认为瓷器标准有三点：其一是胎体，需以瓷石或瓷土为原料；其二是高温釉，器表需黏附玻璃质釉层；其三是烧成温度，需高于1150℃。早期的瓷器可称为"原始瓷"，最早可追溯到中原仰韶文化中期，距今约5500年左右。以瓷土烧制白陶器在山东大汶口文化也十分普遍；商周时期南北方普遍烧制原始青瓷，但直到东汉时期才出现真正意义的瓷器。魏晋南北朝是瓷器逐渐成熟时期，主要烧制青瓷，以碗、盘、壶等日常生活器为多，最有特色的器物是青釉莲花尊和青釉鸡首壶。南方青瓷较之北方发达，此时期山东发现的部分青瓷可能来自南方。黑釉或褐釉起源较早，在商周原始瓷中即已出现，东汉以来在南方多见，一般与青瓷在同一窑址烧造，但难以与青瓷一争高下。山东淄博一带窑址有烧制黑褐瓷的传统。白瓷是在青瓷的基础上创造出来的，但白瓷却起源于北方，目前以北齐范粹墓出土的白瓷为最早。通过控制胎釉中的含铁量而呈现出白色的效果，白瓷的出现打破了青瓷一统天下的局面。

青釉狮形烛台

西晋
高9.8厘米，长13.5厘米
一级文物
邹城市郭里镇独山村西晋刘宝墓出土
邹城博物馆

黑釉鸡首壶

晋
高28.6厘米，口径10.2厘米，底径13.3厘米
一级文物
青州市博物馆

褐釉鸡首壶

晋
高20厘米，口径8.6厘米，腹径20厘米，
底径13.3厘米
二级文物
菏泽市博物馆

青釉八鼻罐

北齐

高28厘米，口径13.1厘米，腹径28厘米

一级文物

1986年临朐县冶源镇崔芬墓发掘出土

山东临朐山旺古生物化石博物馆

青釉豆

北齐

高8.2厘米，口径16厘米，底径10.1厘米

二级文物

1986年临朐县冶源镇崔芬墓出土

山东临朐山旺古生物化石博物馆

青釉鸡首壶

北齐

高28.4厘米，口径7.3厘米，腹径15.6厘米，底径11.4厘米

三级文物

1986年临朐县冶源镇崔芬墓出土

山东临朐山旺古生物化石博物馆

青釉莲花尊

北朝
高59厘米，口径13.1厘米，底径16厘米
一级文物
淄川博物馆

青釉瓶

北朝

高23厘米，口径6.3厘米，腹径14.7厘米，底径7厘米

三级文物

山东临朐山旺古生物化石博物馆

褐釉执壶

南北朝

高18.3厘米，口径5.5厘米，底径9.9厘米

一级文物

桓台博物馆

佛教起源于公元前6世纪的印度，"佛"为梵语，为佛陀的简称，意为"觉悟者"。佛陀俗名乔达摩·悉达多，是佛教的创始者和教主。他原是古印度迦毗罗卫国释迦部落的王子，成佛后被尊称为"释迦牟尼"，意指释迦族的圣人。我们一般将东汉永平求法视为佛教正式传入中国之始。此事源于东汉明帝"梦见神人，身有日光，飞在殿前"的梦境，有大臣为明帝解梦，说这是天竺国（今印度）的神，称"佛"，于是就有了汉明帝派人到印度求法的事件。约于公元67年，使者从印度带回了佛经和佛像，并在洛阳建了中国第一座佛教寺院，取名白马寺。山东最早的寺院，一是临淄的"阿育王寺"，大约建于公元300年前后，如今遗迹无存；二是济南的"朗公寺"，公元351年由僧人竺僧朗创建，后称神通寺，至今仍存，位于济南市历城区柳埠镇，内有隋代四门塔、唐代摩崖造像、金—清代高僧塔林等遗存，是山东现存最早的一座佛寺。

佛教产生之初禁止制作和刻画"佛"的形象，因为佛教徒认为佛完美无缺、至高无上，不能用凡人像来表现。后来受希腊人体美术的影响，于公元1世纪左右，才开始制作佛像，并逐渐流行，传至中国，在南北朝时达到鼎盛。佛像虽然是按照世间伟岸男子形象即"丈夫相"来塑造的，但具有许多异于人类的特征，这就是佛教中常提到的"三十二相"、"八十好"。如头顶有高出的肉髻、眉间有白毫、身体为金色、两手过膝、足底有轮形纹路等，这是"相"；又如头发螺旋、眼睛广长、耳轮垂长等，这是"好"，是更为细部的特征。菩萨像是按照释迦牟尼成佛前的贵族男子形象来塑造的，因此菩萨装束十分奢华，

四、东方佛韵

满身珠光宝气。中国制作的菩萨像则加入了中国贵族妇女装束元素，围披帛、穿罗裙，婀娜多姿。佛教有大乘和小乘之别，小乘是传统佛教，认为"佛"即释迦牟尼；大乘佛教认为除释迦牟尼外，还有无数佛，甚至凡人也可修炼成佛。中国佛教信仰以大乘为主，所以佛的名目繁多，所造佛像并不单指释迦牟尼，为百姓乐闻喜见的还有阿弥陀佛、弥勒佛。

早期佛教通过三条路线传入中国，一是传统的北方"丝绸之路"，经由中亚，中国的新疆、甘肃，再向内地传入；二是中国西南的"滇缅道"，由南亚、东南亚进入中国的云南、四川，然后沿长江沿线传入；三是中国南方的海上"丝绸之路"，沿大陆海岸线海路到达中国的广东或山东等地。山东处于三条传播路线的交汇点，因此佛像特色兼具三条路线所经区域的综合特点，并最终融汇出中国佛教艺术的东方中心。

山东摩崖石窟造像主要集中在济南、青州和东平等地的山区，因规模相对较小，较少引起学术界的关注。自20世纪七八十年代以后，山东境内连续发现了十余处佛像窖藏坑和佛塔地宫，出土了大量佛像，主要有博兴龙华寺窖藏坑、临朐明道寺地宫、诸城窖藏坑、青州龙兴寺窖藏坑、济南开元寺佛塔地宫与窖藏坑等，特别是1996年青州龙兴寺遗址窖藏坑出土的贴金彩绘佛像，以其精美造型、精湛技术、独树一帜的造像风格，震动海内外。青州龙兴寺窖藏坑共清理400余尊残损造像，这些残像大致分上、中、下三层，有序摆放，以石造像为主，还有少量铁质、陶质、木质造像，时代从北魏至北宋，其中以北朝造像为多。

山东窖藏坑内出土的石质造像均为残肢断体，几乎没有完整的。这与历史上的多次灭佛事件有关。北魏太武帝于公元446年诏令废佛，北周武帝于公元574年也下诏废佛，在百余年间两次灭佛，寺院、佛像毁坏殆尽。山东虽然没有赶上北魏太武帝的那场灾难，但北周在公元577年攻灭北齐以后，继续在山东推行灭佛政策，造成众多寺院"天回地转、柱折维倾、各弃真门"的惨象。其后唐代武宗、五代周世宗均发动过类似的灭佛运动，以致石像均无完整者。虽然造像残缺不全，但考古发现的残像摆放整齐有序，这与佛教徒信仰有关。在灭佛运动之后，佛教信徒逐渐接受了现实，认为这是佛教发展过程中必然要经历的末法时代，更加坚定了对佛法的信仰和传播。佛像虽然残损，但仍是佛的化身和象征，佛教徒不忍将之抛弃荒野，于是要么修补、重妆摆放在寺院内供养，要么收集在一起埋藏起来供奉。这些埋藏起来的残像如今陈列在博物馆的艺术殿堂，供世人欣赏和瞻仰，这大概是当时信徒们没有想到的一项功德吧！

　　山东北朝石刻造像最具特色，从形式上，以背屏三尊像和单体圆雕像最有特点，代表了山东佛教造像的艺术成就。主要体现在以下三个方面。其一，雕刻技术精湛，背屏造像均为高浮雕，几乎雕刻出人像的三分之二，立体感十分强烈；圆雕像细部精细，特别是菩萨像，从头到脚，装饰十分繁缛，为其他地方所不及，体现了山东工匠的高超技艺。其二，贴金和彩绘保存较好，十分罕见；贴金主要施于造像皮肤的裸露处，也有的施于珠宝首饰上；彩绘施于发髻和服饰部分，颜色以黑、红、白、绿为多。其三，造像风格多样，有褒衣博带的僧衣，也有偏袒右肩的僧衣；有五官疏阔的方形面相，也有五官紧凑的圆形面相；山东北齐佛像最引人注目的特征是"薄衣贴体"特征，外衣轻薄，紧贴躯体，肌体若隐若现，颇有"曹衣出水"之感。山东北朝造像既有中原特征，又有南方特征；既有中亚因素，又有东南亚或南亚诸国因素，最终在融合了本土文化传统之后，形成了具有山东特色的造像风格，在中国佛教造像艺术上独树一帜！

鎏金铜佛造像光背

北魏

长47厘米，宽36.5厘米

一级文物

1984年泰安大汶口镇兴华村出土

泰安市博物馆

张文造铜佛像

北魏

通高8.8厘米，宽4.7厘米

1983年博兴县龙华寺遗址出土

博兴县博物馆

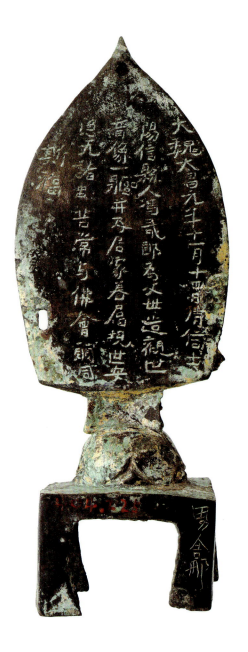

冯贰郎造铜观世音像

北魏

通高24厘米，光背宽9厘米

一级文物

1983年博兴县龙华寺遗址出土

博兴县博物馆

光背后刻铭：大魏太昌元年十一月十四
日清信士阳信县人冯贰郎为父母造观
世音像一躯并及居家眷属现世安稳无
诸患苦常与佛会愿同斯福

四足方座上刻人名：像主冯丑环妻范
买男继伯妻程□男舍那

丁花造铜佛像

北魏
残高10厘米，光背宽6.2厘米
1983年博兴县龙华寺遗址出土
博兴县博物馆

鎏金铜佛像

北魏
通高12厘米，像高4.6厘米，座高4厘米
一级文物
1978年诸城县春林家村青云寺出土
诸城市博物馆

比丘道休造背屏弥勒像

北魏

通高290厘米（不包括方形底座），像高222厘米，
宽120厘米

一级文物

广饶县杨赵寺发现

山东省石刻艺术博物馆

段家背屏造像

北魏
通高226厘米，宽54厘米
广饶县段家村征集
东营市历史博物馆

韩小华造背屏弥勒像

北魏永安二年
高55厘米，宽50.3厘米，厚18厘米
一级文物
1996年青州市龙兴寺窖藏出土
青州市博物馆

贾淑姿造背屏三尊像

北魏永安三年
高54.5厘米，宽38厘米，厚18厘米
一级文物
1996年青州市龙兴寺窖藏出土
青州市博物馆

石佛像

北魏

通高585厘米，底座高68厘米，底座长286厘米，底座宽216厘米

一级文物

原在临淄县（今淄博市临淄区）龙池村龙泉寺

青岛市博物馆

贾智渊造背屏三尊像

北魏正光六年

高224厘米，宽141厘米；主尊高102厘米

一级文物

1918年益都县（今青州市）西王孔古庙中发现

山东博物馆

贴金彩绘佛立像

北魏晚期至东魏

通高168厘米，宽50厘米，厚30厘米

一级文物

1996年青州市龙兴寺窖藏出土

青州市博物馆

贴金彩绘菩萨立像

北魏晚期至东魏
通高110厘米，宽35厘米，厚25厘米
一级文物
1996年青州市龙兴寺窖藏出土
青州市博物馆

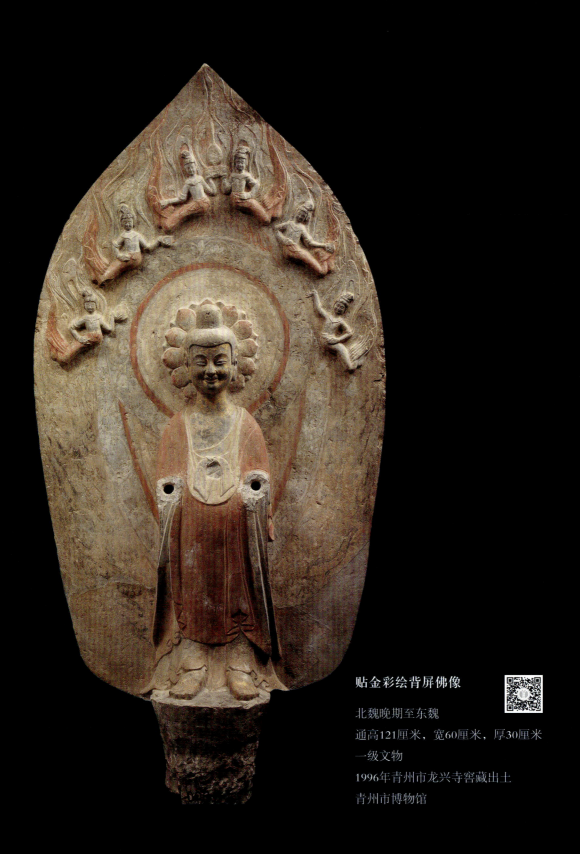

贴金彩绘背屏佛像

北魏晚期至东魏
通高121厘米，宽60厘米，厚30厘米
一级文物
1996年青州市龙兴寺窖藏出土
青州市博物馆

贴金彩绘背屏三尊像

东魏
通高76厘米，宽48厘米，厚15厘米
一级文物
1996年青州市龙兴寺窖藏出土
青州市博物馆

贴金彩绘背屏三尊像

东魏

通高310厘米，宽180厘米，厚35厘米

一级文物

1996年青州市龙兴寺窖藏出土

青州市博物馆

贴金彩绘背屏三尊像

东魏

通高135厘米，宽125厘米，厚23厘米

一级文物

1996年青州市龙兴寺窖藏出土

青州市博物馆

贴金彩绘菩萨立像

东魏
高164厘米，宽60厘米，厚35厘米
一级文物
1996年青州市龙兴寺窖藏出土
青州市博物馆

蝉冠菩萨像

东魏
通高120.5厘米，像高97.2厘米，头光直径52厘米
二级文物
1976年博兴县龙华寺遗址出土
山东博物馆

菩萨头像

北朝
高18厘米，宽12厘米，厚11厘米
三级文物
高青县胥家庙遗址出土
高青县文化新闻出版局

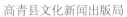

王叔义造白石菩萨立像

东魏
通高38.5厘米，通宽16.5厘米
一级文物
1997年惠民县惠民镇沙河杨村出土
惠民博物馆

贴金彩绘菩萨像

东魏

高35厘米，宽31厘米，厚17厘米

一级文物

1996年青州市龙兴寺窖藏出土

青州市博物馆

背屏佛像

东魏武定四年
通高18.8厘米，宽24.4厘米，厚7.2厘米
三级文物
高青县胥家庙遗址出土
高青县文化新闻出版局

铜菩萨像

北齐
通高15.5厘米，光背宽6厘米
三级文物
1980年枣庄市台儿庄区单庄村出土
枣庄市博物馆

孔昭俤造铜弥勒像

北齐

通高27.8厘米，宽26厘米

二级文物

1983年博兴县龙华寺遗址出土

博兴县博物馆

鎏金铜菩萨像

北齐

通高17.8厘米，主尊高9.5厘米，座高3.2厘米

二级文物

1978年诸城县春林家村青云寺出土

诸城市博物馆

白石背屏佛造像

北齐

通高110厘米，宽57厘米

一级文物

1982年无棣县水湾乡于何庵村出土

滨州市博物馆

白石佛造像

北齐

通高32厘米，宽21厘米

二级文物

1982年无棣县水湾乡于何庵村出土

滨州市博物馆

儒练造白石背屏三尊像

北齐武平二年

通高29.7厘米，宽17.8，底座宽8.2，长16厘米

一级文物

济宁市博物馆

铭文

僧济本造像

北齐天保三年

通高115厘米，宽80厘米，厚21厘米

一级文物

1990年诸城市体育中心工地出土

诸城市博物馆

贴金彩绘卢舍那法界像

北齐

高44厘米，宽14厘米，厚9厘米

1984年临朐县明道寺舍利塔地宫出土

山东临朐山旺古生物化石博物馆

贴金彩绘佛坐像

北齐

高64厘米，宽27厘米，厚24.5厘米

一级文物

1996年青州市龙兴寺窖藏出土

青州市博物馆

彩绘佛立像

北齐

高120厘米，宽40厘米，厚25厘米

一级文物

1996年青州市龙兴寺窖藏出土

青州市博物馆

佛立像

北齐

高98厘米，宽45厘米，厚25厘米

一级文物

1996年青州市龙兴寺窖藏出土

青州市博物馆

贴金彩绘佛坐像

北齐至隋

高73厘米，宽40厘米，厚35厘米

一级文物

1996年青州市龙兴寺遗址出土

青州市博物馆

贴金佛立像

北齐
高49厘米，宽9厘米，厚8.5厘米
1984年临朐县明道寺舍利塔地宫出土
山东临朐山旺古生物化石博物馆

彩绘卢舍那法界像

北齐
高86厘米
1990年诸城市体育中心工地出土
诸城市博物馆

佛头像

北齐

高43厘米，宽26厘米，厚22厘米

二级文物

2003年平度市城区一工地出土

平度市博物馆

佛头像

北朝

高34厘米，宽20厘米，厚21厘米

青岛市城阳区法海寺遗址出土

青岛市城阳区文物保护管理委员会办公室

佛头像

北朝

高32厘米，宽20厘米，厚19厘米

青岛市城阳区法海寺遗址出土

青岛市城阳区文物保护管理委员会办公室

贴金彩绘思惟菩萨像

北齐
高95厘米，宽30.5厘米，厚18.5厘米
一级文物
1996年青州市龙兴寺窖藏出土
青州市博物馆

贴金彩绘菩萨立像

北齐
高160厘米，宽40厘米，厚20.5厘米
一级文物
1996年青州市龙兴寺窖藏出土
青州市博物馆

菩萨立像

北齐
高114厘米，宽31厘米，厚15厘米
1990年诸城市体育中心工地出土
诸城市博物馆

菩萨立像

北齐
高65厘米，宽20厘米，厚12.5厘米
1984年临朐县明道寺舍利塔地宫出土
山东临朐山旺古生物化石博物馆

菩萨立像

北齐

高93厘米，宽50厘米，厚23厘米

1990年诸城市体育中心工地出土

诸城市博物馆

菩萨立像

北齐

高52.5厘米，厚14厘米

1990年诸城市体育中心工地出土

诸城市博物馆

菩萨立像

北齐
高120厘米，宽49厘米，厚20厘米
1990年诸城市体育中心工地出土
诸城市博物馆

贴金彩绘菩萨立像

北齐
高105厘米
2003年济南市县西巷出土
济南市考古研究所

菩萨像

北齐

高53厘米，宽37厘米，厚16.5厘米

1984年临朐县明道寺舍利塔地宫出土

山东临朐山旺古生物化石博物馆

菩萨头像

北齐

高23厘米，宽14厘米，厚15厘米

1984年临朐县明道寺舍利塔地宫出土

山东临朐山旺古生物化石博物馆

白陶佛头像

北齐

高3.6厘米

一级文物

1983年博兴县龙华寺遗址出土

博兴县博物馆

彩绘白陶菩萨像

北齐
通高23.5厘米，像高19.5厘米
山东临朐山旺古生物化石博物馆

彩绘白陶菩萨像

北齐
高16.9厘米，像高15.2厘米
1993年博兴县龙华寺遗址出土
博兴县博物馆

白陶菩萨像

北齐

通高23厘米

一级文物

1983年博兴县龙华寺遗址出土

博兴县博物馆

四面柱体造像碑

北齐

高143厘米，宽43厘米，厚30厘米

二级文物

鄄城县亿城寺遗址出土

中国鲁锦博物馆

四面柱体造像碑

北齐
残高150厘米，宽57厘米，厚21厘米
三级文物
鄄城县亿城寺遗址出土
中国鲁锦博物馆

薛贰姬造像座题铭（拓片）

北齐
原石高31厘米，宽89厘米，厚75厘米
三级文物
山东博物馆

石座正面刻铭：维大齐河清二年岁次癸未
四月甲午朔二日癸口佛弟子薛贰姬率邑义
口十人等敬造铁丈六像一区上为皇帝陛下
州郡令长七世存亡逮及法界众生咸同此
福……
铭文后半部分均为造像主人名。

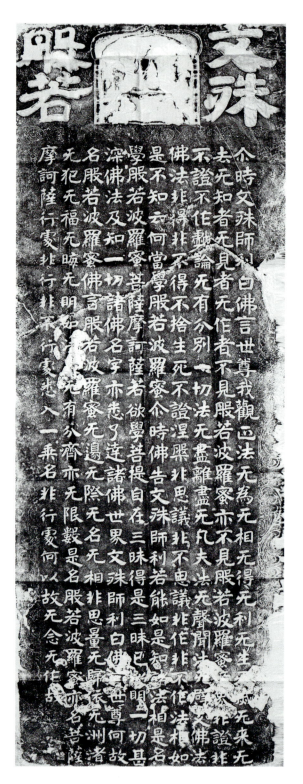

文殊般若碑（拓片）

北齐
原石高200厘米，宽70厘米，厚14厘米
一级文物
汶上县水牛山清凉寺遗址出土
汶上县中都博物馆

碑文取自《文殊师利所说摩诃般若波罗蜜经》中的一段："尔时文殊师利白佛言：世尊！我观正法，无为无相，无得无利，无生无灭，无来无去，无知者，无见者，无作者……文殊师利白佛言：世尊！何故名般若波罗蜜？……佛言：般若波罗蜜，无边无际，无名无相，非思量，无归依，无洲渚，无犯无福，无晦无明，如法界，无有分齐，亦无限数，是名般若波罗蜜，亦名菩萨摩诃萨行处，非行非不行处，悉入一乘，名非行处。何以故？无念无作故"。

墓碑立在地面，一是为了标识墓葬，二是为了表彰墓主功德。墓前立碑大约始于西汉，东汉较为盛行。至汉末、魏晋屡禁立碑，汉末曹操曾下令"不得厚葬，又禁立碑"；晋武帝也认为墓前的石兽碑表"伤财害人，莫大于此，一禁断之"。这时期墓碑遽然减少，但仍有少量存世。北魏是少数民族政权，因担心后人破坏，没有墓前立碑的传统，但朝廷为嘉奖汉族官吏，死后也会为其立碑，北朝基本恢复了汉代以来的立碑传统。墓志指记录墓主生平内容的碑刻，放置于墓室之中，起源较早，大约在秦代即出现了墓志文；但将文字书写在瓦片上，真正将墓志文刻写在单独的石碑上，则在东汉中晚期，魏晋以后开始流行，应与当时禁止在墓前立碑政策有关。山东北朝墓志出土较多，墓主多是地方官吏和名门望族子弟及亲眷。1973年在淄博市临淄区工地施工中发现14座北朝墓葬，出土6方墓志，据墓志文知其为清河崔氏家族墓地。崔氏是北朝四大名门望族之一，墓志的出土为研究崔氏望族地望、谱系提供了丰富的历史材料。墓志文与墓碑文略有不同，墓志文表达的是"哀悼痛惜"之情，而墓碑文则是颂扬"丰功盛德"之举。两者除了史料价值外，书法价值也极其珍贵。魏晋南北朝时期是我国书法艺术发展的鼎盛时期，书体发生了剧烈变化，楷、行、草几种书体逐步形成并成熟，出现了大批书法家，尤以山东琅琊王羲之父子最为杰出。墓葬碑、志主要出自门阀士族，其书法成就自然不可小觑。

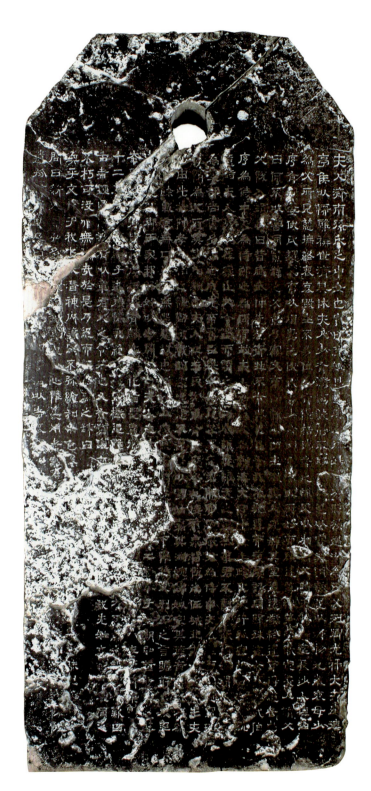

任城太守孙夫人碑

西晋
高250厘米，宽97厘米，厚20厘米
一级文物
泰安市博物馆

高贞碑

北魏

高222厘米，宽98厘米，厚18.5厘米

一级文物

山东省石刻艺术博物馆

碑额"魏故营州刺史懿侯高君之碑"，碑文
计24行，每行46字，北魏正光四年立石。此碑
是北朝碑刻中方笔楷书的代表作品。

高庆碑

北魏

高222厘米，宽98厘米，厚16.5厘米

一级文物

山东省石刻艺术博物馆

碑额篆书"魏故光州刺史贞侯高君之碑"。北魏
正始五年（508）八月立，碑文计22行，行42字。

魏威烈将军行台府长史崔公之墓颂碑（拓片）

北齐

原石高61厘米，宽58厘米，厚14.5厘米

一级文物

1986年临朐县冶源镇崔芬墓出土

山东临朐山旺古生物化石博物馆

青龙画像石

北朝

纵60厘米，横119.5厘米，厚20厘米

2000年临朐县五井镇下五井村东墓葬出土

山东临朐山旺古生物化石博物馆

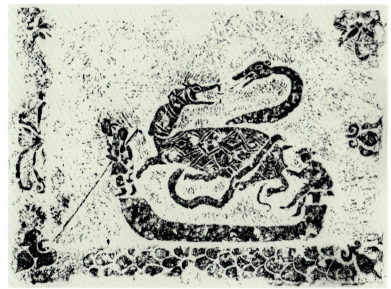

玄武画像石

北朝

纵58.5厘米，横79厘米，厚21.5厘米

2000年临朐县五井镇下五井村东墓葬出土

山东临朐山旺古生物化石博物馆

错银铭文铜虎符

西晋
高4.5厘米，长6.5厘米，宽2.5厘米
一级文物
东平县东平街道办事处东平故城遗址出土
东平县博物馆

甪端玉兽

北魏
通高5.3厘米，通长7.3厘米，通宽5.8厘米
一级文物
曹县商都博物馆

彩绘陶马

北朝
通高36.5厘米，宽31厘米
莱西市博物馆

灰陶子母狗

北朝
通高3厘米，身长12.7厘米，宽8厘米
1986年济南市东八里洼北朝墓出土
山东省文物考古研究所

第五编

隋唐宋金——唐风宋韵

东平司里山摩崖造像

唐风宋韵

隋朝虽国祚短促，但结束了魏晋以来国家分裂的混乱局面，实现了中国的大统一，并创建了整套社会制度，开辟了一个崭新的时代。唐承隋制，并不断完善和创新，成为继西周王朝之后礼仪、制度最为完备的朝代，这也为唐代经济和文化的繁荣打下了坚实的政治基础。隋唐文化的突出特征是多元性和包容性。《旧唐书》记："太常乐尚胡曲，贵人御馔，尽供胡食，士女皆竞衣胡服"，体现了唐朝人对北方和中亚胡人文化的喜爱，考古发掘中胡人俑及穿胡服、跳胡舞的形象常有所见。当时首都长安是国际化的大都市，不仅规模大，人口多，还有来自西亚、中亚、日本、朝鲜等各个国家和地区的常驻居民，唐朝曾与三百多个国家和地区有来往。隋唐王朝不仅对外族实施开放政策，对内也实施了民族融合政策，思想较为宽松，隋唐大多皇帝都尊儒、崇道、信佛，三教都得到了长足发展。隋唐文化汇集中外，兼容并蓄，在世界文明史上有着举足轻重的地位。

两宋推行兴文抑武的国策，虽然军事上屡遭挫败，但文化却达到了中国历史发展的极盛。两宋文化上的成就，为后来学者推崇备至，认为汉唐和元明均不及。这与宋代实施的系列举措有关，主要体现在以下几个方面，一是以文治国，"兴文教，抑武事"，宋太祖甚至立下"不得杀士大夫及上书言事人"的规矩，为社会提供了宽松的政治环境；二是推行儒、释、道并行的治国理念；三是重视教育，鼓励办学，宋代公办和私办学校兴盛，史载宋神宗时期"学校之设遍天下"；四是思想环境宽松，学术上出现派别林立的局面，宋代被学者称为中国历史上的第二次百家争鸣时期。因此，两宋在哲学、文学、史学、艺术和手工业方面都取得了辉煌的成就。

就全国考古发现而言，隋唐至宋金时期都城、陵墓、壁画、丝绸、瓷器、三彩器、金银器以及对外交流遗存方面均取得了较为瞩目的成绩，与历史文献记载的经济、文化繁荣的局面相称。遗憾的是，山东考古发现的该时期遗存并不多，且较为单一，主要集中在瓷窑、墓葬和佛教遗存等方面，其中瓷窑遗址、墓葬规模都不大，文物精品不如其他地方突出。相较而言，佛教遗存保存数量较多，有摩崖石窟、寺院遗址、佛塔等多种形式，是山东该时期最具特色的文物古迹。新中国成立以来，在佛塔修缮和考古工作中，从佛塔地宫和窖藏中发现了多批文物，有佛教供奉物，也有生活用品，引起学术界和公众的高度关注。主要有：平阴县隋代舍利塔石函、济南市历城神通寺隋大业七年四门塔窖藏、金乡县唐代光善寺塔金银器窖藏、惠民县归化镇罗汉院五代至北宋舍利石函、兖州区北宋嘉祐八年兴隆塔地宫、汶上县宝相寺北宋元丰四年太子灵踪塔地宫、济南市长清区真相院北宋元丰八年舍利塔地宫、济宁市北宋崇宁四年铁塔寺窖藏、莘县北宋雁塔窖藏、新泰大生寺北宋望穷塔地宫、聊城护国隆兴寺明代铁塔地宫；另外，青州龙兴寺佛教造像窖藏坑、济南县西巷开元寺地宫和窖藏除了出土北朝造像之外，也出土了唐代和北宋时期造像。

　　隋唐至宋金是中国瓷器大发展时期，主要烧制单色釉瓷，以青、白颜色为主调，通过原料调配和窑烧技术将青、白两色艺术效果发挥到极致，堪称奇迹。

　　隋唐至五代逐渐形成"南青北白"的瓷器生产格局，即南方以青瓷为主，北方以白瓷为主。越窑和邢窑分别代表了南北瓷器生产的最高成就，素有"越瓷似玉"、"邢瓷类雪"之美誉。越窑的中心地在浙江慈溪市上林湖一带，是由群窑组成的一个窑系，东汉时创烧，唐、五代达到鼎盛，南宋衰亡。鼎盛时期以秘色瓷而闻名于世，文人以"千峰翠色"、"掠翠融青"等词对其大加溢美，但后世未见具体实物，以致众说纷纭。1987年陕西法门寺地宫出土13件越窑"秘色瓷"，撩开其神秘面纱。秘色瓷仅为宫廷烧制，为越窑精品，"秘色"取其工艺神秘、数量稀少之意，目前除法门寺外，其他可确定为秘色瓷的少之又少。邢窑位于河北内丘，创建于北朝，是最早烧制白瓷的窑址，唐代达到鼎盛，胎质细腻，质地坚硬，釉色纯正，时人往往将邢窑瓷器品质与越窑并举，如邢瓷类银、越瓷类玉，邢瓷类雪、越瓷类冰。五代以后，邢窑逐渐衰落，其地位被河北另一支窑系——定窑所取代。"南青北白"的局面是相对的，北方在隋唐时期也一直在烧制青瓷，其中以耀州窑为代表，同时北方还烧制黑瓷，如淄博窑；南方在唐中期以后也烧制白瓷，以景德镇窑为代表。

　　宋代是中国瓷器发展的黄金时期，有五大名窑、八大窑系之说，各具自己鲜明特色，生产出诸多名优瓷器存留于世。五大名窑指官窑、哥窑、汝窑、定窑和钧窑；八大窑系有定窑系、磁州窑系、耀州窑系、钧窑系、龙泉窑系、景德镇窑系、建窑系和越窑系。按使用的人群又分为官窑和民窑两大类；官窑再分为御窑和官窑，均由官府督造，前者专为皇家烧造瓷器，后者为官僚和富商等烧造瓷器。宋代五大名窑中的"官窑"、"汝窑"是专门为皇家和官府服务的，往往"千中选十，百中挑一"，要求十分苛刻。"定窑"、"钧窑"虽是民窑，但部分瓷器为"官监民造"。民窑为民办窑厂，主要面对市场，根据社会不同阶层需求来烧制瓷器，既有自主性，也有创新性，其题材和形式也相对丰富，有些产品比之官窑并不逊色。其中磁州窑是北方最大的民窑系，始见于隋，宋金时达到鼎盛。鼎盛时期的磁州窑规模巨大，以河北邯郸为中心，窑址分布于河北、河南、山西、山东几省，甚至波及安徽、江西、四川等地，山东已发现宋代磁州窑系的窑址主要有淄博磁村、坡地、大街窑，泰安中淳于窑，宁阳西太平、西磁窑和枣庄中陈郝等。磁州窑最显著的工艺是釉下彩，以含铁矿物作颜料形成白地黑花（或褐花）装饰，将制瓷工艺和传统书画艺术有机地结合在一起。其器物造型、装饰题材也多来自民间，深受广大民众喜爱，流传于世的瓷器数量也较多。磁州窑瓷器种类以日用瓷为主，其中以瓷枕最为著名，广为流传。

青釉莲瓣纹八系罐

隋

高25.7厘米，口径13.1厘米，底径11.5厘米

一级文物

临邑县翟家乡出土

临邑县文化馆

青釉蛇柄执壶

隋

高15.6厘米，口径5.1厘米，底径6.5厘米

二级文物

济南市博物馆

青釉蹲猴龙柄壶

隋

高21.7厘米，口径6.4厘米，底径5.9厘米

一级文物

泰安市博物馆

青釉四系盘口壶

隋

高22厘米，口径7厘米，底径5.7厘米

枣庄市博物馆

青釉豆

隋
高6.8厘米，口径12.6厘米，底径10 厘米
三级文物
莱芜市莱城区方下卢家庄出土
莱芜市文物局

白釉小碗

隋
高3.5厘米，口径6厘米，底径3厘米
三级文物
济南市历城区柳埠镇东坡村出土
济南市历城区博物馆

青釉象首圈足辟雍砚

隋
高9.5厘米，口径20.2厘米，
底径28.2厘米
一级文物
济宁市兖州区旧关村出土
济宁市兖州区博物馆

彩绘武士骑马俑

隋
通高27.2厘米
一级文物
济宁市嘉祥县徐敏行墓出土
济宁市博物馆

彩绘执盾武士立俑

隋

高56厘米

一级文物

济宁市嘉祥县徐敏行墓出土

济宁市博物馆

青釉席纹执壶

唐

高22.2厘米，口径7.3厘米

二级文物

滨州市滨城区文物管理所

白釉执壶

唐
高21.4厘米，口径10.8厘米，底径9.1厘米
1996年广饶县傅家遗址出土
东营市历史博物馆

白釉执壶

唐
高16.5厘米，口径6.2厘米，底径10.6厘米
2004年济南市按察司街遗址出土
济南市考古研究所

长沙窑黄釉褐斑贴花执壶

唐

高21.5厘米，口径8.8厘米，腹径18厘米，底径15厘米

一级文物

蓬莱市登州博物馆

青釉龙首壶

唐

高23厘米，口径8.3厘米，底径9.5厘米

二级文物

莒县博物馆

白釉执壶

唐
高24.5厘米，口径8厘米，腹径13.5
厘米，底径8.8厘米
二级文物
莱芜市文物局

白釉瓶

唐
高24厘米，口径6厘米，底径10厘米
二级文物
淄博市陶瓷博物馆

青釉灰斑纹双耳葫芦瓶

唐

高24.6厘米，口径3.5厘米，底径9.5厘米

一级文物

青岛市博物馆

白釉双耳葫芦瓶

唐

高9.6厘米，口径2.3厘米，腹径5.8厘米，
底径3.7厘米

三级文物

莱芜市文物局

"孝先工"青釉瓶

唐

高28.5厘米，口径7.9厘米，底径9.4厘米

二级文物

邹城博物馆

黑釉双系壶

唐

高21厘米，口径5厘米，底径6.6厘米

二级文物

禹城市文化馆

褐釉罐

唐
高8.2厘米，口径8.9厘米，底径6.2厘米
一级文物
武城县老城镇三义村出土
武城县图书馆

青釉钵

唐
高9.8厘米，口径15.2厘米，底径9.3厘米
三级文物
淄博市周村区文物管理所

青釉胡人抱囊瓶

唐
高19厘米，底边长13厘米，宽16厘米
一级文物
德州市陵城区神头镇东方合墓出土
陵县文博苑

黑釉堆塑纹盖炉

唐

高25厘米，口径13.1厘米，腹径24.2厘米

二级文物

山东临朐山旺古生物化石博物馆

绿釉搅胎枕

唐

高8.1厘米，枕面长16.2厘米，

宽11厘米

一级文物

济宁市兖州区小孟乡李海村出土

济宁市兖州区博物馆

白陶猴首人身生肖俑

唐

高21.3厘米

二级文物

泗水县文物事业管理所

白陶侧卧男俑

唐

长19.9厘米，宽12厘米

二级文物

泗水县文物事业管理所

黄褐釉骑马俑

唐

高10.9厘米

一级文物

济宁市兖州区博物馆

白釉执壶

五代
高25厘米，口径9.5厘米，
腹径13.5厘米，底径8.4厘米
三级文物
菏泽市博物馆

青釉双系壶

五代
高16厘米，口径5厘米
二级文物
禹城市文化馆

黑褐釉执壶

五代
高20厘米，口径8.2厘米，
腹径15.4厘米，底径 7.2厘米
二级文物
山东临朐山旺古生物化石博物馆

影青划花斗笠碗

宋

高7厘米，口径20.5厘米

二级文物

滨州市滨城区文物管理所

龙泉窑青釉盘

宋

高4.2厘米，口径15.7厘米，底径7.7厘米

二级文物

平度市博物馆

白釉碗

宋

高5厘米，口径14.5厘米

三级文物

陵城区陵城镇出土

陵县文博苑

影青高足碗

宋

高8厘米，口径17厘米，底径5厘米

2006年垦利县海北遗址出土

垦利县博物馆

鱼滴釉碗

宋

高4.6厘米，口径12.2厘米，底径3.4厘米

三级文物

东营市历史博物馆

定窑黑釉碗

北宋

高5.5厘米，口径14厘米，底径3.9厘米

一级文物

淄博市博物馆

白釉点彩四系罐

宋

高25厘米，口径14.6厘米，腹径21厘米，底径9.2厘米

三级文物

莱芜市文物局

黄釉瓜棱罐

北宋

高10.9厘米，口径9.9厘米，腹径10.2厘米

三级文物

莱芜市文物局

茶叶末釉凤首壶

宋

高13.1厘米，腹径7.8厘米，底径4.5厘米

一级文物

济宁市博物馆

白釉瓜棱倒装壶

宋
高18.1厘米，腹径12.3厘米，底径7厘米
一级文物
章丘市博物馆

耀州窑刻花牡丹纹执壶

宋
高18.3厘米，口径4厘米，底径9.7厘米
一级文物
蓬莱市登州博物馆

影青执壶

宋
高25.6厘米
二级文物
淄博市博物馆

钧窑红斑玉壶春瓶

北宋

高27.3厘米，口径4.8厘米，底径7.3厘米

一级文物

1978年淄博临淄出土

淄博市博物馆

白釉刻花牡丹纹瓶

北宋
高47.5厘米，口径7.9厘米，底径9.5厘米
三级文物
济南市长清区博物馆

"吕家用"白釉四系瓶

北宋

高30.1厘米，口径3厘米，底径5厘米

三级文物

东营市历史博物馆

黄釉瓶

北宋

高24.2厘米，口径10.2厘米，

腹径25.2厘米，底径11.2厘米

三级文物

莱芜市文物局

青釉双系罐

宋

高20厘米，口径11.5厘米，底径10.5厘米

二级文物

禹城市文化馆

"翟守家"青釉双系罐

宋

高15.8厘米，口径14厘米

三级文物

1994年莒南县大店镇南出土

莒南县博物馆

影青刻花印盒

宋

通高3.85厘米，口径5.8厘米，底径4.3厘米

二级文物

济南市博物馆

粉青瓜棱花口渣斗

宋

高15.6厘米，口径13.5厘米，底径8厘米

三级文物

即墨市博物馆

影青熏炉

宋

高13.4厘米，口径10.8厘米，底径8.8厘米

一级文物

淄博市博物馆

白釉塔形熏炉

宋

高29厘米，口径13.5厘米，底径13.5厘米

二级文物

无棣县文物管理局

钧窑鼓式洗

宋

高9.1厘米，口径23.8厘米，底径17.5厘米

一级文物

青岛市博物馆

白釉黑花荷叶口瓶

宋

高18厘米，口径6.7厘米，底径4.5厘米

二级文物

东营市历史博物馆

白釉黑花双系盖罐

宋

通高13厘米，口径9.5厘米，底径3.5厘米

一级文物

东营市历史博物馆

磁州窑鸟鹿纹梅瓶

宋

高33.9厘米，口径4.2厘米，腹径15.7厘米，底径10.6厘米

二级文物

临清市博物馆

白釉黑花罐

宋

高11.8厘米，口径7.6厘米，底径5.6厘米

三级文物

曹县商都博物馆

磁州窑白釉黑花喜鹊纹如意形枕

宋

高22.1厘米，枕面长28.7厘米

一级文物

惠民博物馆

磁州窑白釉黑花开光花草鹿纹如意形枕

宋

高17厘米，枕面长31厘米

一级文物

武城县图书馆

底面印有阳文竖排"张家"两字。

绿釉枕

宋

高9.5厘米，枕面长28.5厘米

二级文物

商河县城关苏家村出土

商河县博物馆

磁州窑黄釉暗花纹枕

宋

高13.5厘米，枕面长24.5厘米，

底长21厘米

一级文物

惠民博物馆

黑釉金线罐

金

高21厘米，口径10.5厘米

一级文物

聊城中国运河文化博物馆

黑釉金线花口瓶

金

高21厘米，底径7.3厘米

三级文物

淄博市陶瓷博物馆

白釉匜

金

高7厘米，口径17.7厘米，底径6厘米

二级文物

东营市历史博物馆

镶银口白釉红绿彩小盘

金

高1.8厘米，口径11.8厘米，底径8.5厘米

济南市博物馆

白釉黑花大盘

金

高9.5厘米，口径45厘米，底径33.5厘米

二级文物

陵城区陵城镇出土

陵县文博苑

耀州窑青釉炉

金

高18.2厘米，口径19.2厘米

一级文物

山东博物馆

淄博窑象灯

金

高21厘米，长15厘米

二级文物

淄博市陶瓷博物馆

白釉黑花四系罐

金
高37.5厘米，口径9厘米，腹径26厘米，底径12.2厘米
二级文物
威海市博物馆

磁州窑褐彩罐

金
高22.5厘米，口径16.5厘米，底径12厘米
二级文物
1979年昌邑县姜泊出土
昌邑市博物馆

二、三彩绚丽

　　三彩器是多彩釉陶的统称，其色彩以绿、黄、褐为主，故称三彩器，但实际上还有蓝、紫、白、黑等颜色。根据各个朝代的不同特征，又分为唐三彩、宋三彩、辽三彩、金三彩等，其中以唐三彩成就最高，色彩明快绚丽，造型动感活泼，是人类制陶史上的闪光点。

　　唐三彩是约定俗成的名称，最早见于民国文献，沿用至今，它是在汉代低温釉陶器的基础上发展而来的。三彩器所言之"彩"指的是"釉"料而非"彩"料。唐三彩是明器，专为随葬所用，是唐代厚葬之风的产物。《旧唐书》记"近者王公百官，竞为厚葬，偶人像马，雕饰如生"，"风俗流行，遂下兼士庶"。这里说的"偶人像马"指的是唐三彩中各类人俑、动物俑，上行下效，上自王公下至百姓都用其作随葬明器。唐三彩还远播海外，甚至在国外还出现了仿烧的三彩器，如伊朗"波斯三彩"、朝鲜"新罗三彩"等。唐三彩大致有四种类型，一是人物塑像，如男女俑、胡人俑、天王俑等；二是动物塑像，如马、骆驼等；三是生活用具，如炉、罐、枕等；四是模型，如房屋、家具等。目前在河南、陕西、河北和四川等地发现了制作唐三彩的窑厂，山东也出土了唐三彩，但数量相对较少，主要是生活器类。

　　宋金元时期也大量生产三彩器，但用途、风格与唐代已大不相同。先是素烧胎体，然后施彩色釉并低温烧制而成；其胎体一般以瓷土烧制，烧成温度较高，胎质较坚硬，有的甚至已瓷化；釉色以绿为主，常见褐、黑、白、黄等颜色。有的器表只有两种色彩，仍习惯称其为三彩器。烧制的器类以生活用品为主，多为实用器，也有少量明器。虽然受唐代影响，烧制也有创新，但其艺术成就远远不及唐三彩。目前在淄博博山发现了宋金时期三彩器窑址，主要生产生活器具，如盘、枕、炉、壶等。

三彩小壶

唐
高7.8厘米，腹径5.9厘米，底径3.6厘米
三级文物
莱芜市文物局

三彩钵

唐
高10.5厘米，口径10.8厘米
三级文物
淄博市博物馆

三彩水盂

唐

高5.5厘米，边长11厘米

一级文物

陵城区神头镇东方合墓出土

陵县文博苑

三彩虎形枕

唐
高10.5厘米，枕面长18.2厘米
一级文物
惠民博物馆

三彩兽足炉

唐
高11.8厘米，口径11.2厘米，
腹径18厘米
二级文物
平度市博物馆

三彩炉

唐
高15厘米，口径16厘米
二级文物
陵城区郑家寨镇出土
陵县文博苑

三彩炉

宋
高15厘米，口径11.5厘米
二级文物
滨州市沾化区文物保护管理所

绿釉伽灵鸟

宋

高58.5厘米

二级文物

1972年泰安岱庙出土

泰安市博物馆

三彩俑

宋

高27.5厘米

一级文物

泰安市博物馆

五彩女俑

宋
高31.4厘米，底长10.3厘米，宽10厘米
一级文物
1973年成武县吕台遗址出土
成武县博物馆

三彩龟形背壶

辽

高28.2厘米，腹径长15.3厘米，底径长11.1厘米

一级文物

济宁市东门小区出土

济宁市博物馆

三彩福字枕

辽
高13厘米，枕面长40厘米，底长36.5厘米
一级文物
惠民博物馆

三彩狮形枕

辽

高8.2厘米，枕面长14.5厘米，
宽10.8厘米

二级文物

安丘市博物馆

三彩莲花灯座

金

高19.5厘米，底边长12.3厘米

二级文物

聊城中国运河文化博物馆

三彩盘

金
高3.4厘米，口径15厘米，底径9.4厘米
一级文物
禹城市文化馆

三彩葫芦执壶

金

高19.3厘米

淄博市陶瓷博物馆

三彩孩儿枕

金

高12厘米，枕面长20.5厘米，
宽14.5厘米

二级文物

淄博市陶瓷博物馆

三、佛塔圣藏

　　塔也称为"窣堵波"、"浮图"，本义为坟墓，源自南亚次大陆，即古印度一带，后为佛教徒所沿用，用于埋藏佛舍利。佛涅槃火化后留下的结晶体，称为舍利，意为灵骨，焚之不毁，击之不碎；广义的舍利还包括佛发、佛爪及金银、五色石等替代物，甚至佛经、高僧圆寂焚化后的遗物也视作舍利。舍利是佛的化身，因此历史上多次出现舍利崇拜的热潮。古印度有两次著名的分舍利故事：一是"八王分舍利"，传说佛涅槃后，为取得舍利，八个国家陈兵相争，最终达成均分舍利的协议；二是"阿育王分舍利"，佛涅槃百余年后，印度孔雀王朝第三代国王阿育王在武力征伐过程中幡然醒悟，放弃屠杀，信奉佛教，将佛舍利分成八万四千份，并以神力役使鬼神一夜间在世界各地建造八万四千宝塔供养，传说中国境内有19所，山东临淄古有阿育王塔，惜今遗迹不存。中国历代对舍利均很崇信，以隋、唐为盛。隋文帝时，仿效阿育王造塔传说，两次下诏全国诸州造塔113座，并派人送舍利供养。济南平阴县舍利石函有"大隋舍利宝塔"铭，青州出土隋仁寿元年"舍利塔下之铭"石碑，应是隋文帝在山东敕建的舍利塔。传说舍利"三十年一开，则岁丰人和"，因此唐代皇帝对舍利崇拜也是十分狂热，曾有八位皇帝六次迎接扶风法门寺舍利到皇宫供养、两次送还舍利的佞佛举动。

　　中国佛塔一般由塔基、塔身、塔刹组成，唐代以后开始在塔基下建造地宫。早期佛塔塔身呈半球状，源自南亚次大陆；后来与中国传统建筑结合，形式有楼阁式和密檐式，并发展成一种高耸的建筑，下宽上狭，有四方形、六边形、八边形、十二边形、圆形多种，最多十三层，象征圆满。佛塔的功能是埋藏舍利，有的将舍利放置在塔刹部位，也有的在塔身各层设置密龛窖藏舍利；唐代以前有的在塔基底部中央下挖土圹瘗埋舍利，唐代以后发展为在塔基底部营建地宫，放置舍利和其他供奉物。地宫并非建成后就关闭，山东兖州兴隆塔地宫通道进口台阶的青砖边缘圆滑无棱，证明地宫在一段时间内允许信徒进出，接受他们对地宫舍利的礼拜。山东长清真相院地宫建成于1085年，但地宫内出土的银椁上有1098年题记；山东汶上太子灵踪塔地宫安葬舍利的时间是1081年，但地宫墙壁上有1112年迎送佛牙的墨书题记，均可证明地宫在一段时间内是开放的，有的则经封闭后又重新打开。

兖州兴隆塔地宫内景

按中国的埋葬习俗，舍利一般安置于棺椁之中，唐武则天还是皇后的时候，于显庆五年（660）为正在皇宫中供养的法门寺舍利"造金棺银椁，数有九重，雕镂穷奇"，这是按皇帝规格的礼遇来安葬舍利。自此，开启了以金棺银椁安置舍利之风。山东唐宋佛塔中多次出土瘗藏舍利的金银棺椁葬具。塔既是佛教的象征，也是驱邪辟灾、安保一方安宁的圣物，后世常将之取名"永丰塔"，正是保佑平安、五谷丰登之意。至今山东大地仍保存了宋代以来的诸多佛塔，成为当今城市文化建设的一道风景线。

青釉舍利塔

隋

高31厘米，腹径27厘米，底径22.5厘米

一级文物

1972年泰安粥店出土

泰安市博物馆

大隋皇帝舍利宝塔石函

隋

高141厘米，边长119厘米

平阴县洪范池镇东池村出土

平阴县博物馆

函盖中央两行竖排八个大字"大隋皇帝舍利宝塔"。

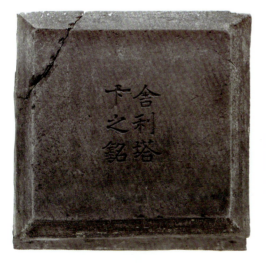

舍利塔下铭碑

隋仁寿元年

边长83厘米

一级文物

青州市博物馆

阴面铭刻如下：舍利塔下铭维大隋仁寿元季岁次辛酉十月辛亥朔十五日乙丑皇帝普为一切法界幽显生灵谨於青州逢山县胜福寺奉安舍利敬造灵塔愿太祖武元皇帝元明皇后皇帝皇后皇太子诸王子孙等并内外群官爰及民庶六道三途人非人等生生世世值佛闻法永离苦空同升妙果孟弼书

　　四门塔位于济南市历城区柳埠镇神通寺内，是中国现存最早的一座大型石塔，平面呈方形，单层阁楼式，通高15.4米，边长7.4米，四面各开一门，故此得名。20世纪70年代初期对四门塔进行维修，在塔顶部一块石拱板反面发现了"大业七年"题记，据此可确定该塔为隋代建造。维修人员又在塔心柱下部发现一个石圹，内放置舍利函。舍利函有两重，外重为石函，内重为铜函，铜函内放有铜钱、玻璃瓶、玻璃珠、银环、药草、香料等物品。

铜函

隋

通高13厘米，长9厘米，宽9厘米

一级文物

1973年济南市历城区柳埠镇四门塔出土

济南市历城区博物馆

绿黄白琉璃珠

隋

最大颗直径1.8厘米，最小颗直径0.9厘米

三级文物

1973年济南市历城区柳埠镇四门塔出土

济南市历城区博物馆

　　光善寺塔为八面九级砖石混合结构佛塔，通高38.2米，底面对边长12米。2010年在对佛塔进行维修期间，在第二层内墙发现一个券顶式壁龛，龛内共发现22件（套）银器以及舍利、佛牙一宗。银器表面锤揲精美图案，其上鎏金，主要器物有四级佛塔、舍利棺、《大般涅槃经》、经幢和茶碾、茶箩、茶杯等茶具和生活用器。其中银质《大般涅槃经》封函上阴刻"大唐贞观"四字，且从其他银器形制特点判断，这批银器年代当在唐代早中期。这是山东首次发现的唐代佛教金银器窖藏，其中四级鎏金银塔和鎏金银《大般涅槃经》也是全国首次发现。这批鎏金银器比陕西法门寺地宫出土的唐代金银器年代稍早，工艺水平也堪与其媲美，均被专家定为一级文物。

鎏金银舍利棺

唐

通高18.7厘米，前宽10厘米，

后宽8.4厘米

一级文物

2010年金乡县光善寺塔出土

金乡县文物旅游局

鎏金银《大般涅槃经》册

唐
长19.96厘米，宽14.26厘米
一级文物
2010年金乡县光善寺塔出土
金乡县文物旅游局

鎏金银塔

唐

通高54厘米，底直径17厘米

一级文物

2010年金乡县光善寺塔出土

金乡县文物旅游局

鎏金银藏经幢

唐

通高21.55厘米

一级文物

2010年金乡县光善寺塔出土

金乡县文物旅游局

鎏金银荷叶盖三足莲形盐器

唐

通高24.2厘米

一级文物

2010年金乡县光善寺塔出土

金乡县文物旅游局

鎏金银茶碾

唐

高5.25厘米，长25.48厘米

一级文物

2010年金乡县光善寺塔出土

金乡县文物旅游局

鎏金银方体箩子

唐

高12厘米，长15.8厘米，宽11.1厘米

一级文物

2010年金乡县光善寺塔出土

金乡县文物旅游局

　　兴隆塔平面为八边形，以青砖修筑而成，塔有十三层，下七层形体巨大，上六层遽然缩小，形成塔上塔奇观，塔通高54米，底边长约6米。因遭到人为破坏，2008年考古工作者对佛塔地宫进行了清理。地宫在塔基正中下部，平面为正方形，边长2.25米，高度3.2米，顶部以斗拱支撑；其上有天井，地面则有水井；其南、北各有一条通道，长9.2米，出口处有7级台阶。地宫内出土石函、鎏金银棺、舍利金瓶、舍利、佛牙、纪事石碑等重要文物，其中石函和鎏金银棺表面装饰图案十分精美，纪事石碑记录了为供奉舍利的建塔缘由，并有"嘉祐八年"（1063）纪年，可知地宫为北宋时建成。考文献和地宫现状，知上层砖塔虽始建于北宋，但清康熙年间发生地震时，砖塔倒塌，后经重建，故今天所见砖塔为清康熙时期重建；地宫为北宋时建，清康熙地震时并未造成地宫毁坏。

瓜棱金瓶

北宋

高12.80厘米，口径0.9厘米，底径2.5厘米

一级文物

济宁市兴隆塔地宫出土

济宁市兖州区博物馆

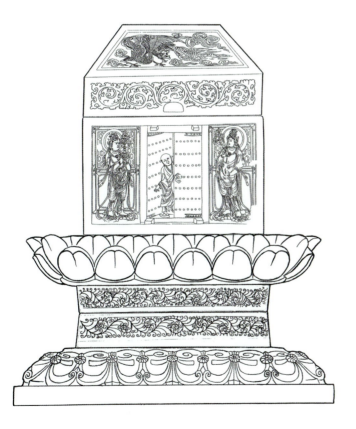

盝顶舍利石函

北宋
高108.5厘米，长85厘米，宽47.5厘米
一级文物
济宁市兴隆塔地宫出土
济宁市兖州区博物馆

鎏金银舍利棺

北宋
通高29.5厘米，长49.5厘米，宽 20厘米
一级文物
济宁市兴隆塔地宫出土
济宁市兖州区博物馆

　　2003年在济南市区县西巷发掘出土了一组重要的佛教文化遗存，包括一座佛塔地宫、两座造像窖藏坑，共出土造像80余件。这批造像以石像为主，大多残损，为北朝、隋唐时期的遗物；据出土碑记知地宫的修建年代约在北宋熙宁二年（1069），地宫的毁弃年代约在北宋末或金代初，窖藏坑年代则与地宫毁弃年代一致。关于佛像和地宫的毁弃原因，一说与北宋末年宋徽宗出台的抑制佛教的政策有关，二说在宋金交战中为金兵所毁坏。从现有遗存可以看出，济南县西巷一带应是山东古代一处重要的佛教寺院遗址。考其沿革，这里出土的最早一尊造像为东魏武定八年（550），可将该寺院源头推至东魏时期；据造像题记可知，在武则天时期该地称"大云寺"，又据地宫碑记和文献可知，唐开元以后至宋元时期均称"开元寺"；至明初，位于县西巷的开元寺改建为济南府的官署，将济南千佛山东南佛慧山内的一座寺院称为开元寺，该遗迹至今仍存。

菩萨像

北齐—隋

高90厘米

2003年济南县西巷出土

济南市考古研究所

菩萨像

唐

高100厘米

2003年济南县西巷出土

济南市考古研究所

贴金彩绘结跏趺坐佛像

唐
高63厘米
2003年济南县西巷出土
济南市考古研究所

太子灵踪塔位于汶上县宝相寺,是一座八角形十三层砖塔,通高41.7米,1994年维修塔时,打开地宫。地宫在塔基正中,约方形,长1.47米,宽1.43米,高4.2米;北壁开一壁龛,进深、高均为78厘米;南侧有一通道,长3.9米,与地面相通;墙壁有两处北宋"政和二年"的墨书题记。地宫出土文物141件(套),有石函、金棺、银椁、佛牙、舍利、银菩萨像、铁胎泥塑捧真身菩萨像、玻璃瓶、水晶瓶、鎏金铜钱等。其中石函是盛放舍利的最外一层容器,长61.5厘米,宽47.7厘米,高45.5厘米,左侧刻写171字铭文,记录了佛牙舍利的来历,极具史料价值。据铭文得知,此佛牙舍利是汶上城内的赵世昌于北宋熙宁六年(1073)从嘉王宫守卫官孙政那里求得的,并于北宋元丰四年(1081)打造金棺银椁瘗藏于宝相寺太子灵踪塔。嘉王是指北宋英宗皇帝第四子赵頵,曾封为嘉王;而赵世昌也是皇室宗亲,为宋太祖五世孙,与嘉王赵頵为堂兄弟关系。佛牙上还墨书"东府"二字,东府为当时宰相王安石府邸,可知佛牙曾为王安石所供养收藏。

火云冠金箔银棺

北宋
高28厘米，长26厘米，宽8.4厘米
一级文物
汶上县宝相寺塔地宫出土
汶上县中都博物馆

舍利银椁

北宋

高4厘米，长16厘米，前宽6厘米，后宽5厘米

一级文物

汶上县宝相寺塔地宫出土

汶上县中都博物馆

舍利水晶瓶

北宋

通高9.25厘米，口径3.48厘米，

底径2.8厘米

一级文物

汶上县宝相寺塔地宫出土

汶上县中都博物馆

蓝釉玻璃净瓶

北宋

通高9厘米，口径0.79厘米，腹径3.99厘米

一级文物

汶上县宝相寺塔地宫出土

汶上县中都博物馆

舍利

北宋

一级文物

汶上县宝相寺塔地宫出土

汶上县中都博物馆

水晶摩尼串珠

北宋

单颗直径0.8—1厘米

二级文物

汶上县宝相寺塔地宫出土

汶上县中都博物馆

银引路菩萨像

北宋
通高15厘米，莲台底径5.6厘米
一级文物
汶上县宝相寺塔地宫出土
汶上县中都博物馆

　　真相院遗址位于济南长清城区西北，原有一座残塔，1963年因修建粮油加工厂，将塔拆除；1965年修建道路时，地宫被打开，文物流散民间。后文物部门征集至博物馆收藏，重要文物有释迦舍利塔铭碑、金棺银椁、银罗汉、银盒、银供养人等，其中10尊罗汉像面部表情不一，表现佛涅槃后众弟子悲苦的形象，栩栩如生。1987年考古人员对地宫进行了清理，地宫以砖构筑而成，平面约为方形，长2.63米，宽2.53米，高3.72米，顶部为仿木的斗拱结构；南北两侧各有长约5.3米的通道，与地面相通。据地宫碑铭可知，真相院舍利佛塔建于北宋元丰八年（1085），当年苏轼路过此地，看到新建的十三层佛塔雄伟瑰丽，遂将其弟苏辙所藏舍利留此，求众人打造金棺银椁供养，苏轼也亲自撰书舍利供养题记，记录了此事。

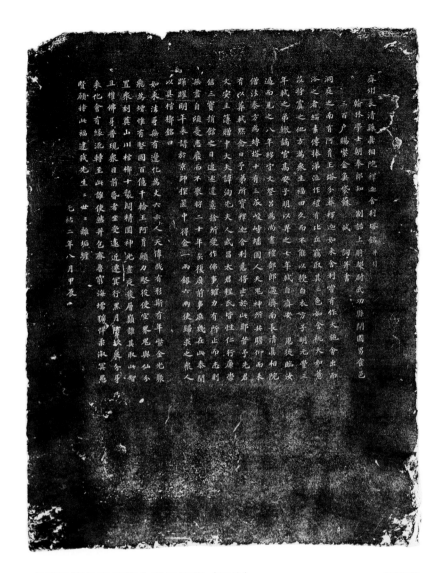

齐州长清县真相院舍利塔铭碑（拓片）

北宋元祐二年

原石长84厘米，宽63厘米，厚12.5厘米

二级文物

1965年长清县真相院舍利塔地宫出土

济南市长清区博物馆

按塔铭所记，苏轼在北宋元丰八年"过济南长清真相院，僧法泰方为砖塔十有三成，峻峙蟠固人天鬼神所共瞻仰，而未有以葬。轼默念曰：予弟所宝释迦舍利，意将止于此耶？"由此得知真相院砖塔瘗埋舍利源自苏轼之弟供养之物。

银罗汉像

北宋

1965年长清县真相院舍利塔地宫出土

高10.1—11.6厘米，宽3—3.9厘米，厚2.1—2.9厘米

一级文物5件，二级文物4件

济南市长清区博物馆

新
泰
大
生
寺
塔
地
宫

　　大生寺位于山东新泰市禹村镇汤家禹村，原有一座七层砖塔，当地称"望穷塔"；"文化大革命"时期塔体倾斜，为安全起见，将塔拆除。1996年村民在塔基遗址取土发现地宫，取出文物，后上交博物馆收藏。地宫出土文物6件（套），有石函、铜座银棺、舍利一组、影青狮形熏炉、白釉碗、铜镜等。因未经科学发掘，地宫内部情况不明，依据出土器物，可判定为宋代地宫。

青白釉狮形盖熏炉

宋

通高19.8厘米，口径7.8厘米，盖高11.4厘米，
炉身高9厘米

一级文物

1996年新泰市禹村镇大生寺塔地宫出土

新泰市博物馆

人物故事亚形铜镜

宋

边长15.4厘米

三级文物

1996年新泰市禹村镇大生寺塔地宫出土

新泰市博物馆

抄经造像

　　除了诵经、礼拜之外，抄写经文、制作佛像、修寺造塔等也是信徒们做功德的一种方式。大乘佛教中神像较多，由于地域、经文传播内容不同，人们供奉的对象和热衷的经文不尽相同，如佛像有释迦、弥勒、阿弥陀等，菩萨有普贤、观音、地藏等，经文有《佛顶尊胜陀罗尼经》、《妙法华经》等。不过，人们供奉佛像、抄经刻文的目的比较明确，大体有两个。一是向往西天极乐世界，这里是一个理想的国土，没有生老病死的苦恼，只有无边无际的欢乐，造像题记中常见亡者"生天宫"、"生天堂"、"托生西方国土"之句，正是人们对这种理想乐土追求的反映。二是为现世亲人祈福、为去世亲人悼念，有趋福避祸之意，如题记中常见"愿度恶世"、"百祸消荡"之语。"佛顶尊胜陀罗尼经"具有破地狱和消灾的功能，传说刻写有该经的经幢有"尘沾影覆"的效用，只要该经幢的影子投射到身上，或者经幢上的灰尘飘落在身上，就可以消除一切孽障，因此常常将刻有此经文的石幢放置在路旁，有泽被行人的意思。信众出资参与这些活动，并将这些美好的祈愿和自己的名字刻写在造像和石碑上，以示功德和纪念。

佛造像石柱

隋开皇五年

高119厘米

一级文物

蓬莱市登州博物馆

张郭背屏造像

隋

通高264厘米，宽166.5厘米

一级文物

广饶县李鹊镇张郭村出土

东营市历史博物馆

行儒造弥陀三尊像

唐显庆五年
通高50.3厘米，宽34.2厘米，底厚12.3厘米
一级文物
聊城中国运河文化博物馆

皆公寺造像

唐

通高50.5厘米，宽35.2厘米，厚10.6厘米

一级文物

东营市历史博物馆

佛造像

唐龙朔元年

高31厘米

二级文物

德州市博物馆

路瓒仁造阿弥陀三尊像

唐咸亨四年

通高27.4厘米，底座长14.9厘米，
宽11.3厘米，高6.8厘米

一级文物

济宁市博物馆

背屏后刻铭：大唐咸亨四年十月三十
日佛弟子路瓒仁为三兄敬造阿弥陀像
一区上为皇帝陛下下及七世父母又为
一切法众众生俱登彼岸侄女胡女三
人妻薛女绫果侄女太妃仁人文端男
仁楷男仁□男仁裕男玄寿男行感男行
贞侄玄则侄九思弟妻陈供养

白石佛造像

唐

通高30厘米，宽20厘米，

厚5.5厘米

一级文物

陵城区陵城镇出土

陵县文博苑

佛像

唐

通高29.7厘米，底座长9.6厘米，宽7.3厘米

二级文物

平原县图书馆

倚坐佛像

唐

通高98厘米，宽54厘米，厚32厘米

一级文物

青州市博物馆

毗卢遮那佛莲花铜座

唐

高99厘米，上径52厘米

二级文物

蓬莱市登州博物馆

银塔

北宋

高70厘米

一级文物

1968年莘县雁塔出土

山东博物馆

《般若波罗蜜光赞经》写本（局部）

唐

全长634厘米，宽26.6厘米

二级文物

青岛市博物馆

仁宗皇帝御贊

六萬餘言七軸裝　照遍妙義廣含藏
白玉毫邊流舍利　紅蓮舌上放毫光
帳中甘露消消潤　口內醍醐滴滴涼
假饒造罪過山藏　不須妙法兩三行

皇帝萬萬歲

大乘法寶

磁青纸金银书画《妙法莲华经》（局部）

北宋

全长1172.8厘米，宽31.1厘米

一级文物

即墨市博物馆

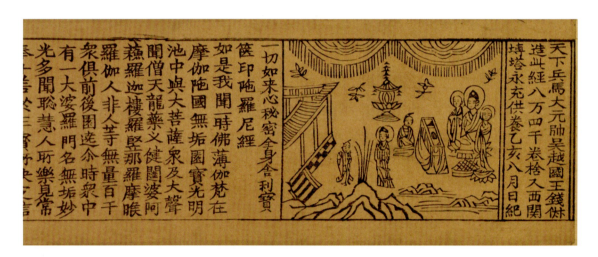

雕版印刷《宝箧印陀罗尼经》（局部）

北宋

全长495厘米，宽14.8厘米，卷芯长205.5厘米，宽8厘米

一级文物

济宁市博物馆

目前考古发现的中国最早的金银器是夏代的，如新疆温泉县出土的包金耳环、甘肃玉门和北京昌平出土的金耳环，均是饰品，数量极少，属于金银器使用的萌芽期。一般认为中国早期金银器受西方欧亚文化影响。金银是难得的稀有金属，制成器后显得雍容华贵，不仅是财富的象征，也是身份等级的象征。秦汉以后长生和升仙思想的流行助长了金银器的使用，《孝经援神契》云"丹药之上者丹砂，次则黄金"，将黄金视为制作灵丹妙药的原料；《史记》记"黄金成以为饮食器则益寿"，皇室贵族在术士的鼓吹下，相信使用金器制作的器具饮食可长寿。

中国金银器的大量使用始于隋唐，"谁能载酒开金盏，唤取佳人舞绣筵"，"一样金盘五千面，红酥点出牡丹花"，再现了唐代贵族使用金银器的盛大排场和享乐之风。除了显身份尊贵外，金银器在唐代还广泛用于馈赠、供奉、赏赐、纳贡。地方官吏给朝廷进献金银器之风很盛，考古实物显示，唐玄宗时期杨国忠曾四次向皇帝进献银铤；文献记载，唐代宗时期汴宋等八州节度使田神功上朝时一次进献金银器五十床。当时社会这些需求和风气也大大促进了金银器的生产和发展。目前已发现了几十批唐代金银器窖藏，如陕西西安何家村出土金银器270余件，江苏镇江丁卯桥出土金银器950余件，陕西法门寺地宫出土金银器121件。山东最重要的唐代金银器发现于金乡光善寺塔，共22件，是佛教供奉之物；另外，1980年莒南县壮岗西村发现了一套21件的银具，为碗、钵、匜等饮食器皿。

宋代也是金银器大发展时期，虽然工艺成就不如唐代，但私人作坊普遍，生产规模更大，更趋商品化和世俗化。宋代金银器等级观念逐渐淡薄，不再是贵族的专享器具，寻常百姓之家也能使用，贫穷人家即使无力购买，但打酒时甚至可以租用酒肆的金银器来使用。金银器功能也扩大到民俗文化，用于婚嫁、祝寿、品茶、送礼等各个方面。如宋代嫁娶礼俗中富裕之家的聘礼有"三金"之说，即金帔坠、金钏、金踕，当然财力不足之家也可以银代替。目前考古发现宋代金银器地点有上百处之多，山东发现的宋代金银器地点多见于各地佛塔窖藏和地宫出土的佛教供奉物品，如银塔、金棺银椁、金瓶等。佛塔之外也有零星发现，如2008年在济南市区卫巷发现35件金银器，主要为饰品，也有银壶等少量生活器皿。

鎏金银九曲莲形碗

唐

高5.2厘米，口径12.6厘米，底径5.5厘米

一级文物

2010年金乡县光善寺塔出土

金乡县文物旅游局

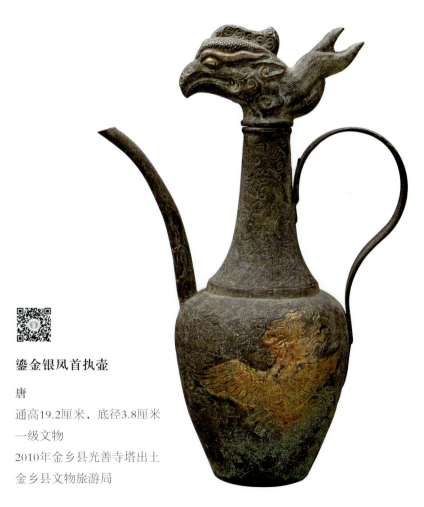

鎏金银凤首执壶

唐

通高19.2厘米，底径3.8厘米

一级文物

2010年金乡县光善寺塔出土

金乡县文物旅游局

银盏

唐

高4.5厘米，口径12.7厘米，底径4.5厘米

二级文物

1980年莒南县壮岗西村出土

莒南县博物馆

银盏

唐

高3厘米，口径11.7厘米

二级文物

1980年莒南县壮岗西村出土

莒南县博物馆

银钵

唐
高9.3厘米，口径20.3厘米，底径13.7厘米
二级文物
1980年莒南县壮岗西村出土
莒南县博物馆

银匜

唐
高8.7厘米，口径18.8厘米，底径13.5厘米
二级文物
1980年莒南县壮岗西村出土
莒南县博物馆

狮形墓门石枕

隋

通高44厘米，长69厘米，宽28厘米，
底座高5厘米

一级文物

嘉祥县旅游文物局

狮形墓门石枕

隋

通高48厘米，长68厘米，
宽21厘米，底座高5厘米

一级文物

嘉祥县旅游文物局

狮形石熏炉

隋

通高17厘米，狮身高13.5厘米，底径7厘米

一级文物

平度市博物馆

汉白玉镇墓兽

唐

通高17.5厘米，底长10厘米，底宽8厘米

二级文物

商河县博物馆

牧童骑牛石雕

唐
其一高4.6厘米，其二高4.4厘米
一级文物
济宁市市中区北门里染料厂出土
济宁市博物馆

玉象

宋
高7厘米，宽4.5厘米
一级文物
曹县商都博物馆

春水玉带饰

金
长10厘米，宽5.1厘米，厚1厘米
二级文物
济南市博物馆

瑞兽葡萄纹铜镜

唐
直径9.9厘米
桓台博物馆

大吉铭双鸾衔绶菱花形铜镜

唐
直径23.5厘米，厚0.8厘米
三级文物
邹城博物馆

金银平脱铜镜

唐

直径19厘米，厚0.85厘米

一级文物

1971年济南市解放路唐项承晖墓出土

济南市博物馆

鸾鸟纹菱花形铜镜

唐

直径11.6厘米，厚0.65厘米

三级文物

日照市岚山区巨峰镇西赵家庄出土

日照市博物馆

宝相团花纹菱花形铜镜

唐

直径19.3厘米，厚0.95厘米

一级文物

济南市任城区长沟出土

济宁市博物馆

嫦娥故事带柄铜镜

金
直径8.6厘米
三级文物
莱芜市文物局

第六编

元明清民国——浮世风华

1971年明鲁荒王墓发掘场景

　　元明清是中国历史上疆域最广阔的时期，中国的盛名也因此远播亚非欧地区。元朝的强大和繁庶吸引了西方人络绎来到中国，明朝郑和下西洋将中国物质文明直接传播到亚非沿海国家，清朝来华的西方人甚至乐于考科举、在朝廷做官，这不仅是国力强大的结果，更是中华文化魅力使然。不过，在外国势力入侵之前的元明清三朝，中国外表看似强大繁荣，实则由于封建制度的局限性，国势已开始走下坡路。元朝推行民族歧视政策，激化了民族矛盾，从攻陷南宋王朝算起立世90年旋即灭亡，是中国历史上短命王朝之一；明清两朝中央集权高度的集中，越来越不适应世界政治发展的潮流，以致逐步滑入半殖民地半封建社会的深渊。

　　山东地处黄河下游，土地肥沃，资源丰富，历代经济均较为发达。据统计，明初山东民田达10万顷，位列全国第三，清康熙时更是增至90万顷，位列全国首位。明朝山东煮盐业和冶铁业也十分发达，年产量均居全国前列。山东位居海滨，京杭运河亦贯穿其境，河海交通极为便利，至今仍留下不少古迹。明清时期，由于海外倭寇祸起，山东成为海防的前沿阵地，部分用于海防的卫所墩堡、炮台等遗迹至今犹存。山东文化在全国具有举足轻重的地位，儒家文化发源于此，东岳泰山坐落其中，历代帝王权贵、文人墨客、凡夫百姓均将之视为中华文化的圣地。

　　元明清及民国时期距今较近，古迹遗存相对较丰富，如城墙、寺观、楼宇、墓葬、碑刻、民居及古村落等。山东关于该时期的考古发掘以墓葬、窑址、居址、沉船遗址为主，兹列举几处较为重要的发现。

一是菏泽元代沉船，残长21米，除船头、船尾的独立舱外，另有10个舱，出土110余件文物，其中元青花瓷尤为珍贵。二是梁山明代沉船，长21.8米，出土各种文物174件，主要为生活用品。三是蓬莱古港元明时期沉船，共发现三艘，最大的长28米，14个舱，出土铁锚、铁炮及陶瓷器等少量遗物。四是邹城明代鲁荒王墓，出土各类珍贵文物1116件（套）。荒王即朱檀，为明太祖朱元璋第十子，封为鲁王，都兖州，因过度服食金石药物，19岁毒发身亡。除考古发掘之外，山东元明清和民国时期馆藏文物来源有旧藏、征购、收藏家捐献、民间捐献等几种主要方式，曲阜文管会、岱庙集中收藏与孔府和泰山祭祀有关的文物，最能体现该时期山东文物特色。该时期文物以瓷器、书画、服饰、工艺品、古籍等最具特色。

　　泰山虽然不是中国境内海拔最高的山，但却被视为群岳之首，源于其厚重的人文底蕴。泰山祭祀起源极早，三皇五帝时即有在泰山祭祀天地的传说，山东大汶口文化陶尊刻画的"日月山"图像，有学者推测正是描述泰山日出的景象。秦皇汉武开启了封建帝王封禅泰山的先河，封禅成为帝王受命于天的象征，也是国家统一、国泰民安的象征，自此，历代帝王竞相仿效。唐代封东岳为神岳天中王、天齐王，泰山神开始被帝王化，元代加封为天齐大生仁圣帝；明清皇帝要么亲临拜祭，要么遣派官员代祭，祭拜泰山的活动长盛不衰。同时泰山也是民间百姓心中的"神山"，早期源于远古传统的山岳崇拜，后来泰山演变为神仙之所、冥府之都，具有天堂和地狱的双重身份；明清以后泰山神逐渐人格化，明代将东岳大帝视为姜子牙封神榜中的孙飞虎，为民众喜闻乐见。

　　曲阜是孔子的诞生地，也是儒学发源地。儒学的正统地位起自西汉，汉武帝时期董仲舒提出"罢黜百家，独尊儒术"，自此以后孔子思想逐渐成为中国封建王朝的统治思想，孔子的地位也不断提升。隋唐时期，孔子被尊称为"先圣"、"太师"。宋元至明清时期，孔子的地位达到了历史顶峰，被尊为"大成至圣文宣王"，是"帝王之式，古今之师"；清乾隆皇帝曾八次到曲阜，礼拜孔子，并且全国各地均建有孔子庙（文庙），祭祀孔子。

大宋东岳天齐仁圣帝碑

北宋大中祥符六年

通高820厘米，宽215厘米，厚60厘米

二级文物

泰安市博物馆

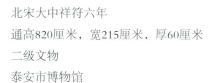

该碑为宋真宗加封泰山为"天齐仁圣帝"的记事碑，碑阴有明万历年间
题"五岳独宗"四个大字。

大宋东岳天齐仁圣帝碑背面

東嶽當泰山

天仙聖母元君殿下

草禾亭內照妖寶鏡

大明國弘治十七年

背面铭文

正面局部

东岳泰山照妖宝镜

明弘治十七年
高157厘米，宽146厘米
一级文物
泰安市博物馆

泰山天仙圣母碧霞元君玉印

明

通高5.4厘米，印面边长6.5厘米

一级文物

泰安市博物馆

印文：泰山天仙圣母碧霞元君之印

鎏金铜胎掐丝珐琅天神八宝

清乾隆
单件高45厘米，底径11.8厘米
一级文物
泰安市博物馆

石敢当画像碑（拓片）

元至元二年

原石高180厘米，宽65厘米，厚20厘米

肥城市文物管理所

孔子燕居像图轴

明

纵126厘米，横102.5厘米

一级文物

曲阜市文物管理委员会

"奉天诰命"描金龙纹漆盒

清

通高41.5厘米，长44.7厘米，宽20.8厘米

三级文物

曲阜市文物管理委员会

　　元明清时期山东地区是我国北方重要的瓷器生产基地，在淄博、泰安、枣庄诸地多有古瓷窑址发现。主要窑址有淄博磁村、博山大街、淄川坡地，临朐火光，泰安宁阳西太平村窑、西磁窑，枣庄中陈郝窑，泗水后沟窑，临沂朱陈窑，聊城临清窑等。山东考古发现的瓷器以1971年邹县明代鲁荒王墓和2010年菏泽元代沉船出土的瓷器较为重要。

　　元代存世仅九十余年，其瓷业继承宋代，在中国陶瓷史上占有重要地位。因外销瓷的增加，生产规模普遍扩大，烧制技术更加成熟，并有所创新。无论继承还是创新，元代瓷器有着形大、胎厚、体重的特点，主要器型有罐、瓶、执壶、盘、碗、匜和高足杯等。装饰方法有刻、划、印、贴、堆、镂、绘等多种。青花瓷在元代开始兴起，青花装饰特征是层次多、画面满，主次分明，浑然一体。山东诸窑所产瓷器特征明显，风格突出，既受到周边窑口的影响，又有自己的地方特色。特别是淄博窑，除生产磁州窑、钧窑、龙泉窑特点的产品外，还在吸收外地窑口制瓷工艺基础上，创烧出自己特色的瓷器。山东诸窑多烧制日用瓷器和工艺美术瓷器，产量大，种类多，是山东本地居民用瓷的主要来源，故窑址、墓葬、窖藏所见多来自山东窑口生产的瓷器。虽出自民窑，但也不乏精品，如雨点釉、茶叶末釉、黑釉粉红瓷、绞胎瓷和三彩瓷等。

　　明代瓷器在元代基础上进行了变革和创新，从明初到成化、弘治时期，总的倾向是由元代厚重粗大的风格，趋向于轻巧洒脱。随着烧造技术的提高，瓷器种类大大增多。在装饰方面，彩绘是最主要的手法。由于白瓷胎、釉质量的提高，青花釉下彩绘发展成为当时瓷器制造的主流，斗彩和釉上五彩也逐渐盛行，尤其是成化斗彩，可以视为此期的代表作。明代瓷器彩绘图案往往用一种或几种动植物作为主题纹样，并以其他纹样辅助；更有直接在器表绘制整幅画面的，如花卉、人物故事和山水等。瓷器的底款也呈现多样化特点，有官款、堂名款和吉语款等。由于全国制瓷中心向景德镇转移，山东考古出土的瓷器也多出自景德镇，有细瓷和粗瓷之分。山东本地制瓷业逐渐衰落，仅存少量制瓷窑场，淄博窑是其中之一，多生产瓶、罐、缸、枕等器类，以黑釉为主。

清代经历康熙、雍正和乾隆三朝的繁荣，瓷器生产达到历史高峰。清代瓷器的装饰主要是彩绘，特别是各种釉色叠加彩绘的综合装饰，青花、釉里红、五彩、粉彩和斗彩各个品种，均是利用不同的色料而形成的装饰图案，其图案可分为单纯的纹样和以花鸟、山水和人物故事为主题的内容。山东淄博窑在清代始烧青花和彩绘瓷器，但釉面发灰，晶莹明亮度不高，题材多采自民间传说、戏曲故事。彩绘颜色多见红、绿诸色，来表现其吉祥富贵之寓意。

青花龙纹梅瓶

元

高42.5厘米，口径6.4厘米，底径14.5厘米

2010年菏泽市国贸中心工地出土

菏泽市博物馆

青花缠枝莲纹玉壶春瓶

元

高29.5厘米，口径7.9厘米，底径9.1厘米

一级文物

掖县（今莱州）东宋公社出土

烟台市博物馆

青花龙纹玉壶春瓶

元

高29.8厘米，口径8.7厘米，底径9.2厘米

一级文物

青州市博物馆

青花缠枝瓜果纹玉壶春瓶

元

高28.3厘米，口径8.3厘米，底径8.05厘米

一级文物

济宁市任城区二十里铺出土

济宁市博物馆

釉里红缠枝菊纹盏托

元
高 2.9厘米，口径19.3厘米，底径11.9厘米
一级文物
青岛市博物馆

白釉褐彩龙凤纹罐

元

高34.7厘米，口径20.3厘米，底径21.4厘米

2010年菏泽市国贸中心工地出土

菏泽市博物馆

白釉黑花四系罐

元

高27.5厘米，口径4.8厘米

二级文物

平度市博物馆

白釉黑花四系瓶

元

高29.3厘米，口径5.8厘米，底径9.2厘米

三级文物

莱芜市文物局

白釉黑花开光禽纹四系罐

元

高59厘米，口径13.2厘米，底径16.5厘米

一级文物

巨野县文物管理所

白釉黑花瓶

元

高24.4厘米，口径7.7厘米，底径8.2厘米

三级文物

莱芜市文物局

龙泉窑青釉玉壶春瓶

元
高27.8厘米，口径7.1厘米，底径7.4厘米
2010年菏泽市国贸中心工地出土
菏泽市博物馆

青白釉牡丹纹玉壶春瓶

元
高 23.1厘米，口径5.2厘米，底径6.7厘米
2010年菏泽市国贸中心工地出土
菏泽市博物馆

青釉刻花瓶

元

高19.6厘米，口径8.5厘米，底径13.7厘米

2002年济南市旧军门巷遗址出土

济南市考古研究所

青釉荷叶式盖罐

元

通高33.4厘米，口径25厘米

济南市博物馆

八思巴文青釉刻花碗

元

高7.8厘米，口径19.9厘米，底径6.5厘米

2003年济南市县西巷遗址出土

济南市考古研究所

龙泉窑青釉瓜棱碗

元

高13.4厘米，口径26.4厘米

一级文物

东营市历史博物馆

龙泉窑青釉八宝纹盘

元

高6.2厘米，口径34.2厘米，底径23.1厘米

2010年菏泽市国贸中心工地出土

菏泽市博物馆

龙泉窑青釉荷叶形盘

元

高6.8厘米，口径34.2厘米，底径19.2厘米

一级文物

济宁市东门小区出土

济宁市博物馆

龙泉窑双龙纹贴花青釉盘

元

高2.7厘米，口径16.8厘米，底径5.2厘米

一级文物

济宁市博物馆

钧窑天青釉盏托

元

通高7厘米，盏口径8.1厘米，
承盘口径15.2厘米，底径6厘米
2010年菏泽市国贸中心工地出土
菏泽市博物馆

龙泉窑青釉带錾耳杯

元

高3.2厘米，口径7.2厘米，底径4.2厘米
2010年菏泽市国贸中心工地出土
菏泽市博物馆

卵白釉堆塑龙纹高足杯

元

高11.2厘米，口径12.5厘米，足径4.1厘米

2010年菏泽市国贸中心工地出土

菏泽市博物馆

龙泉窑青釉高足杯

元

高8.4厘米，口径7.8厘米，底径3.4厘米

二级文物

曲阜市文物管理委员会

青白釉香炉

元

高9.4厘米，口径8.3厘米

2005年济南市郎茂山元代家族墓出土

济南市考古研究所

龙泉窑青釉八卦纹香炉

元

高7.3厘米，口径13.2厘米，底径4.7厘米

三级文物

茌平县文物管理所

钧窑斑彩香炉

元
通高30厘米，口径22厘米，底径26厘米
一级文物
泰安市博物馆

酱釉人物龙纹香炉

元
通高25.8厘米，口径16.9厘米
一级文物
曹县商都博物馆

黑釉盖罐

元

通高36厘米，口径12.3厘米，底径14.4厘米

2009年济南市长清中华女子学院出土

济南市考古研究所

绞胎双耳瓶

元

高38.5厘米

一级文物

惠民博物馆

磁州窑龙纹罐

元
高4.6厘米，口径10.1厘米，底径5.1厘米
三级文物
临清市博物馆

磁州窑草叶纹鸡腿罐

明
高22.4厘米，口径15.6厘米，
腹径23.6厘米，底径9.4厘米
二级文物
临清市博物馆

"金玉长命富贵"青花盖罐

明弘治

通高19.2厘米，口径11厘米，底径12.7厘米

一级文物

济宁市兖州区博物馆

青花花卉纹碗

明

高10.5厘米，口径30.3厘米，底径12.3厘米

一级文物

诸城市博物馆

青花云龙纹香炉

明万历三年
高34.3厘米，口径25.7厘米，底径24厘米
二级文物
泰安市博物馆

青花八龙纹瓜棱罐

明万历
高12.1厘米，口径7.9厘米，底径9.5厘米
二级文物
德州市博物馆

青花云龙纹盘

明
高3.5厘米，口径15厘米，底径8厘米
一级文物
济宁市兖州区博物馆

青花束莲纹盘

明宣德
高7.4厘米，口径40.5厘米，底径29.9厘米
一级文物
济南市博物馆

青花花鸟纹大缸

明

高31厘米，口径47厘米，底径32厘米

二级文物

滨州市博物馆

青花寿字纹高足杯

明

高10.1厘米，口径9.2厘米，足径4.6厘米

二级文物

威海市文登区西楼八里张家村出土

威海市文登区博物馆

青花莲花纹豆

明
高12.8厘米，口径15.9厘米，足径8.6厘米
二级文物
五莲县博物馆

青花云龙纹笔架

明
高13厘米
一级文物
曲阜市文物管理委员会

斗彩海马纹天字罐

明成化
高10.2厘米，口径5.8厘米，底径7.4厘米
一级文物
青岛市博物馆

黄釉青花缠枝莲纹葫芦瓶

明嘉靖
高22.5厘米，口径3.1厘米，底径6.3厘米
一级文物
泰安市博物馆

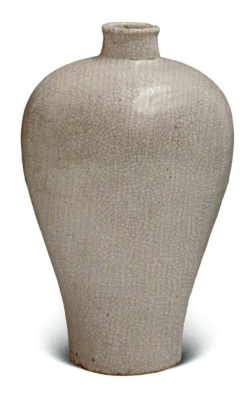

哥釉梅瓶

明

高32.7厘米，口径5.3厘米，底径10.9厘米

一级文物

曲阜市文物管理委员会

白釉双螭蒜头瓶

明弘治

高58厘米，口径7.5厘米，底径17厘米

一级文物

济宁市兖州区博物馆

白釉麒麟双螭纹熏炉

明弘治
通高35厘米，口径22.5厘米，底径19.3厘米
一级文物
济宁市兖州区博物馆

白釉开片镶铜边堆塑双螭纹觚

明弘治
高27.4厘米，口径16.5厘米，底径11.7厘米
一级文物
济宁市兖州区博物馆

乳白釉观音像

明
高19.3厘米，底宽13.3厘米
三级文物
乐陵市文广新局

白釉盘

明嘉靖
高6.8厘米，口径30.6厘米
二级文物
中国鲁锦博物馆

龙泉窑豆青釉暗花三足炉

明
通高17.5厘米，口径15.5厘米
二级文物
邹城市尚寨村戈妃墓出土
邹城博物馆

龙泉窑青釉开片三足炉

明
高11厘米，口径23.7厘米
三级文物
淄博市周村区文物管理所

青花红彩缠枝莲纹贲巴壶

清乾隆

通高19.6厘米，口径7.2厘米，底径9.8厘米

一级文物

泰安市博物馆

青花将军罐

清顺治

高70.8厘米，口径19.7厘米，底径26.2厘米

桓台博物馆

紫地粉彩缠枝莲八宝纹贲巴瓶

清乾隆

通高25.5厘米，口径3.2厘米，底径9.8厘米

一级文物

泰安市博物馆

粉彩童子闹春图盖罐

清

通高40厘米，口径10.9厘米

三级文物

垦利县博物馆

青花开光八仙人物纹觚

清

高44.7厘米，口径22.8厘米，底径16.3厘米

三级文物

东明县博物馆

青花云龙纹盘

清

高6.4厘米，口径28.5厘米，底径16.6厘米

三级文物

淄博市周村区文物管理所

粉彩缠枝莲纹七珍（其一）

清嘉庆
高27.5厘米，底径10.5厘米
二级文物
泰安市博物馆

珊瑚釉描金缠枝莲八宝纹五供

清嘉庆

炉高27.2厘米，口径16.8厘米；花觚高26.5厘米，口径15.2厘米，
底径12.6厘米；香罐高11.6厘米，口径11.7厘米，底径15厘米

一级文物

泰安市博物馆

泥金卷云纹瓷法轮

清乾隆
高27.5厘米、轮宽16.7厘米、底径11厘米
一级文物
泰安市博物馆

豆青釉贯耳瓶

清乾隆
高35.6厘米，口径12.5厘米，底径15.1厘米
三级文物
东营市历史博物馆

哥釉盘口螭耳瓶

清乾隆
高39.5厘米，口径19.2厘米，底径15.8厘米
三级文物
单县博物馆

鎏金银贲巴瓶

清
高24.6厘米，口径4.3厘米，底径11.8厘米
一级文物
泰安市博物馆

仿宣德红釉盘

清康熙

高4.2厘米，口径21.5厘米，底径13.9厘米

二级文物

单县博物馆

龙泉窑青釉花口鱼穿

清

高17.7厘米，口径23.4厘米，底径15厘米

二级文物

德州市博物馆

祭蓝暗龙纹碗

清乾隆

高7厘米，口径14.7厘米，底径5.6厘米

三级文物

淄博市周村区文物管理所

中国书画艺术，源远流长。绘画可追溯到旧石器时代的岩画，至少有一万年以上的历史；书法则源于汉字，汉字在距今五千年左右已经萌芽，不过秦汉以后才开始追求书法的艺术性。魏晋南北朝时绘画和书法均得到了飞跃发展，出现了传神的绘画理论，创造并形成了真、行、草书体，作品着重于意境和欣赏。唐宋是中国书画大发展时期，花鸟画、山水画、人物画分离，宫廷绘画成就卓著；同时创造了颜体、柳体书法。元明清三代是书画传世品数量最多的一个时期，虽然书法逐渐式微，但绘画依然繁荣，出现流派纷呈、风格多样、名家辈出的局面，尤以文人画为甚，为中国绘画史写下了浓墨重彩的一笔。

元代取消了五代两宋时期的画院制度，除少数画家服务于宫廷外，更多的是隐居于民间的文人画家，"文人画"盛行，人物画相对减少，山水、竹石等成为绘画的主要题材。此外，由于大众审美趣味的转变，在绘画上强调要有"古意"和"士气"，并转而主张学习唐、五代和北宋。重视绘画创作中主观意兴的抒发，把对自然景物的描写当作画家抒发主观思想的一种手段，与宋代绘画刻意求工求似形成了鲜明的对照。元代虽然时间不长，但是绘画成就斐然，涌现了钱选、赵孟頫、黄公望、王蒙、吴镇、倪瓒等卓尔不群的名家。

明清时期绘画是在宋元传统基础上继续演变发展的，山水画和水墨写意画盛行。在文人画思想的影响下，更多的画家把精力花在追求笔墨情趣方面，形成更加多样性的风格，并出现了一些以地区为中心的名家与流派。如以戴进为代表的浙派，以沈周、文徵明为首的吴门画派，以张宏为首的晚明吴派，以蓝瑛为首的武林派等，虽然流派

临沂金雀山西汉帛画线图

纷繁，题材广泛，但仍以山水、花鸟成就最高。元四家的影响在明初期犹存，前期以仿宋"院体"为主；明中期以后，以吴门各家为代表，继承元代水墨画法的文人画派占据了画坛主流。清代绘画可分为早、中、晚三个时期。清初"四王"——王时敏、王鉴、王翚、王原祁占据画坛的主体地位，江南则有以石涛、八大山人、龚贤等为代表的创新派。清中期，由于社会经济的繁盛和皇帝对于书画的爱好，宫廷绘画得到快速发展，金农、郑燮、黄慎等为代表的文人画派，力主创新。晚清时期，海派逐渐成为影响最大的画派，出现了任颐、赵之谦、吴昌硕等名家，以致影响了近现代的绘画创作。

20世纪初，广东出现了以革新传统绘画为己任的"岭南画派"，代表人物是高剑父、高奇峰、陈树人。与此同时，一批杰出的画坛大家名震四方，如黄宾虹、徐悲鸿、张大千、齐白石、傅抱石等。

齐鲁自古名士多，元明清时期，山东境内崛起了一批享誉海内的书画名家，他们大都擅长诗文，有较高的文学修养，书画创作上继承前人笔墨，不拘一格，自成一家。本书遴选的书画作品，既有吴门画派的沈周、唐寅、文徵明的书画珍品，又有元明清三代书画名家赵孟頫、吴镇、高其佩、林良、倪瓒、董其昌、石涛、郑燮、金农等的丹青翰墨，还有明清时期山东籍的书画家，如冯起震、高凤翰、张在辛等的妙品佳作，弥足珍贵。

仿郭熙笔意图轴

宋

纵130.5厘米，横48.5厘米

一级文物

济南市博物馆

钤印：缊真阁书画禅、宣和

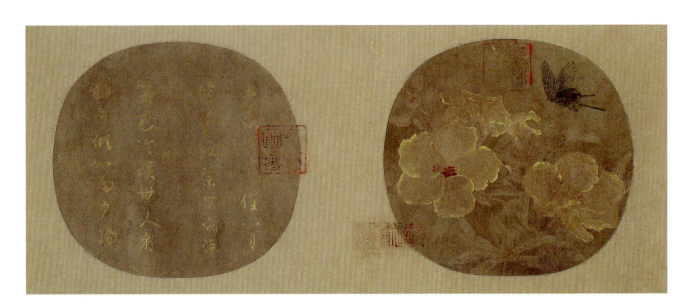

无款葵花蛱蝶扇面图卷

宋

纵30厘米，横87厘米

1971年邹县明鲁荒王朱檀墓出土

山东博物馆

盛懋 秋溪垂钓图轴

元

纵178厘米，横106厘米

一级文物

济南市博物馆

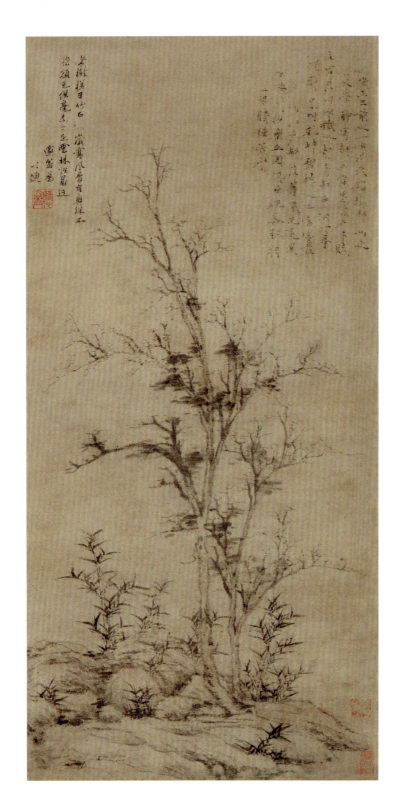

倪瓒 枯木竹石图轴

元
纵81厘米，横36.5厘米
一级文物
济南市博物馆

吴镇 草书五言诗轴

元
纵24厘米，横38厘米
二级文物
济南市博物馆

唐寅　灌木丛篁图轴

明

纵116厘米，横115.5厘米

一级文物

烟台市博物馆

唐寅 山居对弈图轴

明
纵185厘米，横81厘米
二级文物
菏泽市博物馆

沈周　两人松下坐图轴

明
纵128厘米，横60厘米
三级文物
郓城县文物管理所

沈周 秋山雅士题壁图轴

明

纵202厘米，横103厘米

一级文物

乳山市文物管理所

周之冕　松鹤延年图轴

明
纵260厘米，横105厘米
一级文物
乳山市文物管理所

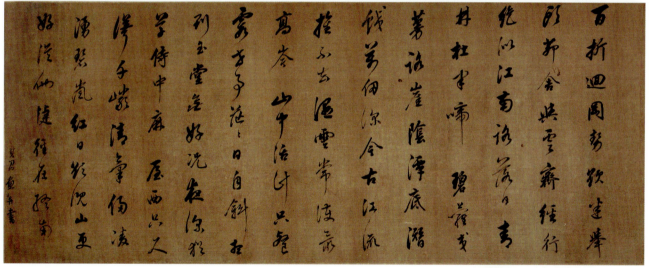

董其昌 山水图卷

明

纵37.7厘米，横177.5厘米

一级文物

青州市博物馆

万历二十七年圣旨卷

明

纵35厘米，横79厘米

二级文物

泰安市博物馆

万历娘娘神图轴

明
纵167厘米，横80厘米
三级文物
泰安市博物馆

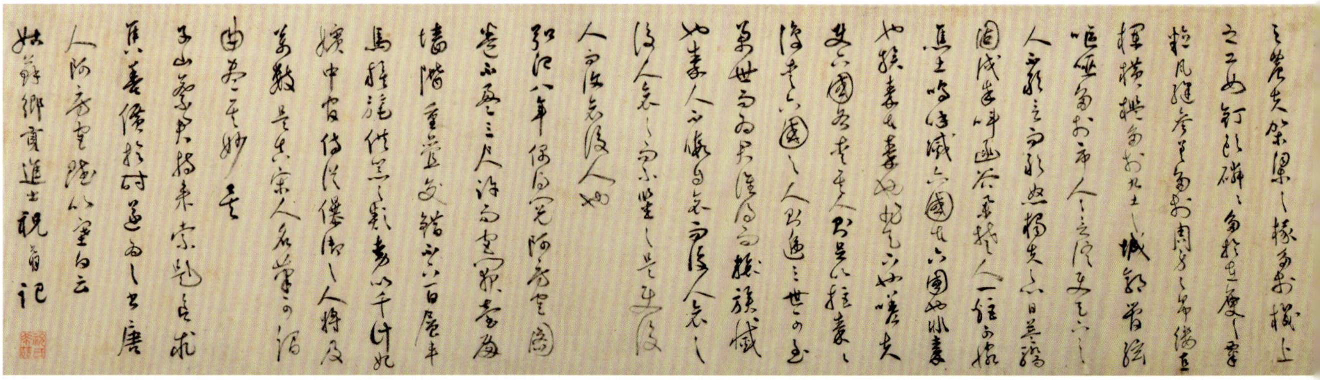

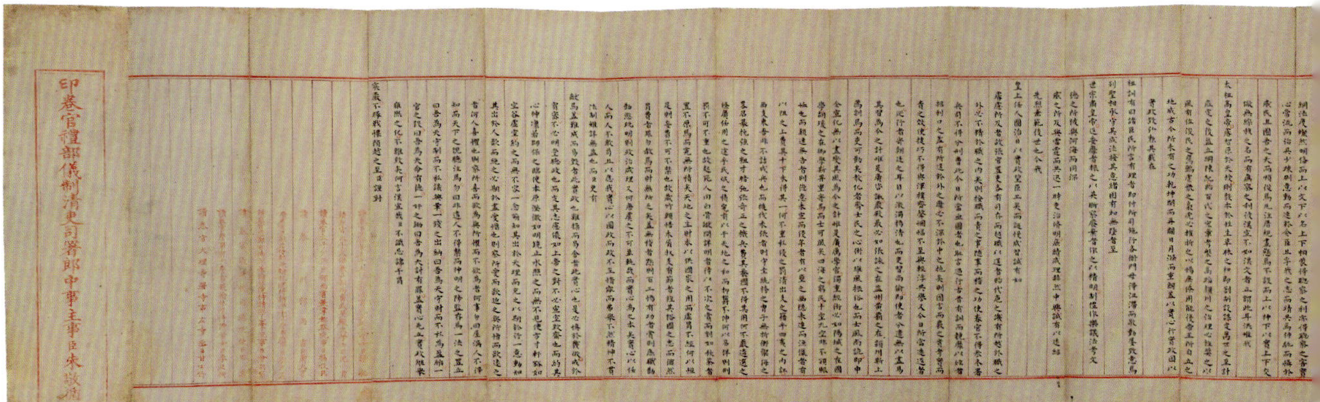
印卷官禮部儀制清吏司署郎中事主事臣朱敬

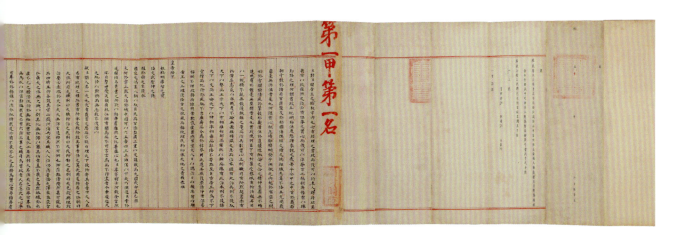

祝允明 草书阿房宫赋卷

明

纵30.5厘米，横229厘米

二级文物

济南市博物馆

赵秉忠殿试卷

明

纵99.5厘米，横155.5厘米

一级文物

青州市博物馆

周臣 访友图轴

明
纵184.5厘米，横104厘米
二级文物
济南市博物馆

林良 荷塘雁嬉图轴

明
纵173厘米，横100.5厘米
一级文物
济南市博物馆

冯起震　墨竹图轴

明

纵316厘米，横97厘米

一级文物

山东博物馆

文嘉 山静日长图卷（局部）

明

纵37厘米，横910.5厘米

一级文物

济南市博物馆

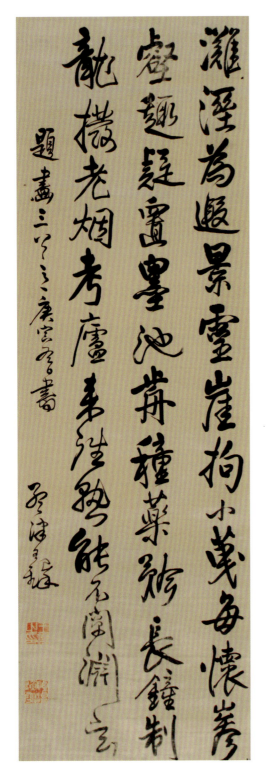

王铎　行书杜甫诗轴

清

纵235厘米，横54.7厘米

一级文物

烟台市博物馆

门神画

清
纵127厘米，宽71厘米
三级文物
青岛市民俗博物馆

康熙御笔信古斋

清
纵57.8厘米，横151厘米
一级文物
桓台博物馆

康熙御书唐诗湘竹金扇

清康熙三十九年
扇面宽16.3厘米，展开长44.8厘米
二级文物
桓台博物馆

蓝涛 西湖景色图册

清
单开纵33厘米，横45厘米
一级文物
泰安市博物馆

谢彬 李之芳行乐图卷

清
纵37.4厘米，横237.5厘米
一级文物
惠民博物馆

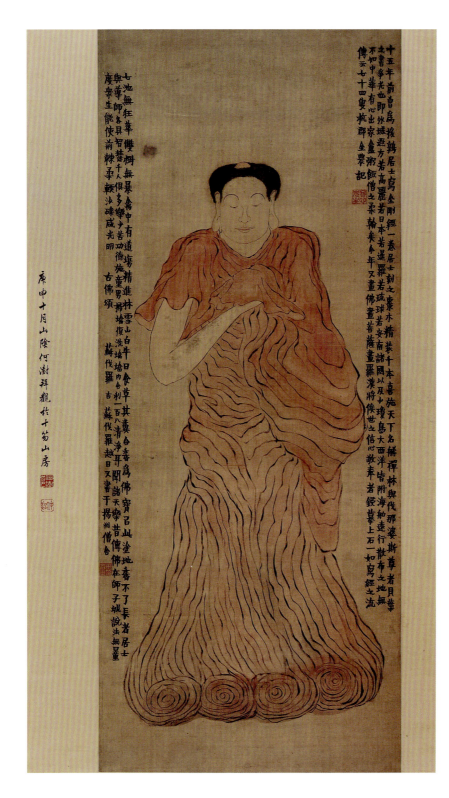

金农　古佛图轴

清
纵116.8厘米，横47.4厘米
一级文物
烟台市博物馆

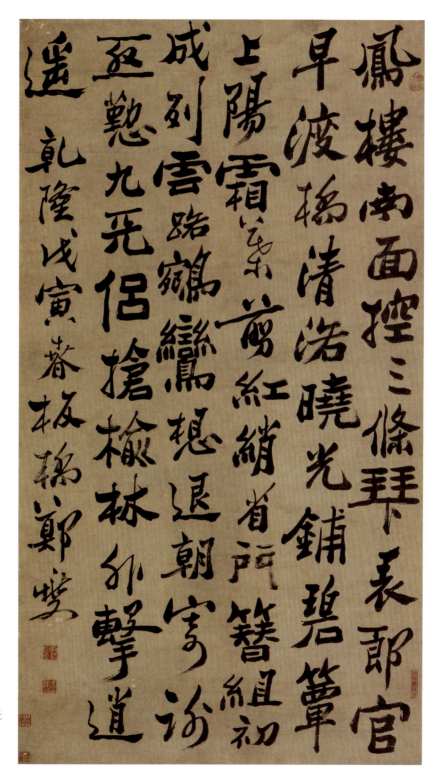

郑板桥 大字中堂

清乾隆二十三年
纵142.5厘米，横76.2厘米
二级文物
郓城县文物管理所

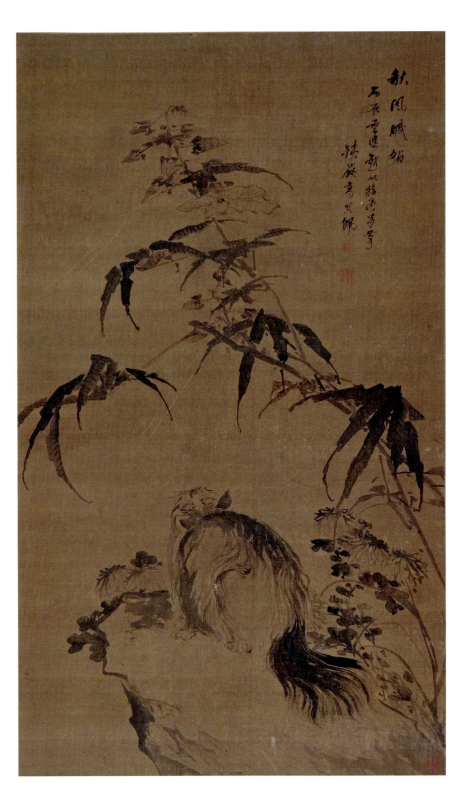

高其佩　秋风藏媚图轴

清
纵112.5厘米，横65厘米
一级文物
潍坊市寒亭区文物管理所

江苏桃花坞忠义堂年画

清

纵34厘米，横54.5厘米

二级文物

威海市博物馆

张中黄 山水连轴

清

纵165厘米，横574厘米

二级文物

枣庄市博物馆

蝥：甚樸橄
耕鑿氣馴良
得勿飲菊波
身體背紫康
我更進一解
主人撰尊行
告之以五福
不在眼食方
昆李敦雜睦
世澤日以富
讀書日以長
此風常不改
便入白雲鄉
一行戴史冊
百恧動帝王
較之淳罷叟
果竟誰傳芳
王君飫聽我
屏畫森開張
蝥：翕春酒
韋寥四傳籛
隆曲爛燭醉
魂藏諍水狂
閭里化揖讓
古意迫軒皇
山民誠迂闊
斯言不可忘

雍正甲辰五九後
一日七十六叟光
人張諷宜題

越歲乙巳新正
人日安丘緩卷
張莊乙書

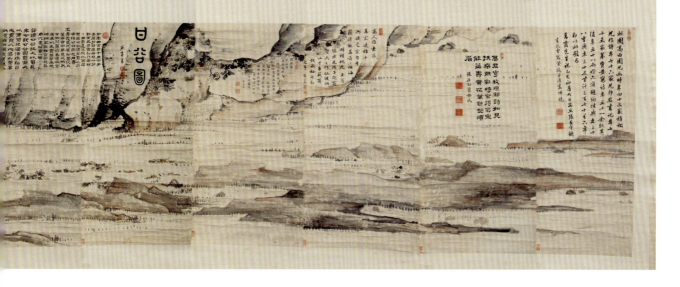

高凤翰 甘谷图十二通景屏

清
纵101厘米，之一、之十二横41厘米，其余横50厘米
二级文物
济南市博物馆

石涛 山水图轴

清

纵100厘米，横43厘米

二级文物

济南市博物馆

黄慎 枯木孤鹰图轴

清
纵180.5厘米，横94.5厘米
一级文物
山东博物馆

禹之鼎 幽篁坐啸图卷

清
纵36.5厘米，横77厘米
一级文物
山东博物馆

袁江 汉宫秋月图轴

清

纵188厘米，横103厘米

一级文物

山东博物馆

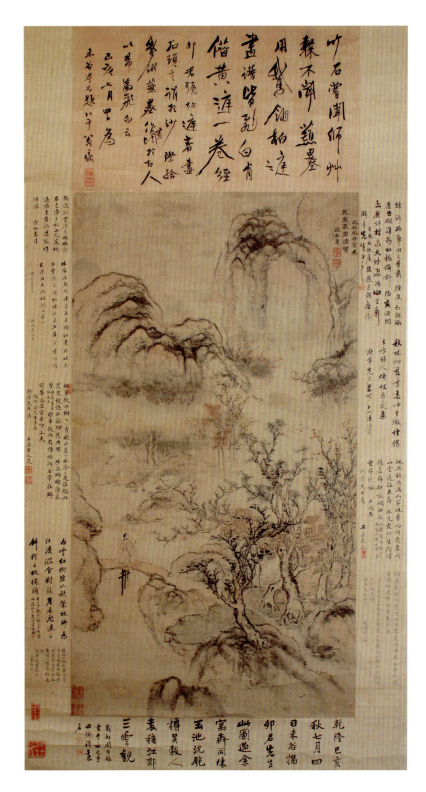

张在辛　秋林独步图轴

清
纵151.5厘米，横58厘米
一级文物
山东博物馆

郑板桥 双松图轴

清
纵201厘米，横101厘米
一级文物
山东博物馆

高凤翰　隶书读书铭中堂

清雍正十二年
纵209.5厘米，横107厘米
一级文物
青岛市博物馆

蓝瑛 桃源春霭图中堂

清顺治三年
纵186.5厘米，横86.2厘米
一级文物
青岛市博物馆

齐白石　花虫图轴

民国十一年
纵94.5厘米，横41厘米
三级文物
即墨市博物馆

　　早在旧石器时代的北京山顶洞遗址中就发现了骨针和项饰，针是最原始的缝纫工具，项饰是人体装饰品，说明人们已经有了服饰，有了美的观念。新石器时代遗址中发现了纺织工具、纺织品及相关遗存，如纺轮、织机、陶器上麻布印痕以及岩画、彩绘陶器上人物服饰等，还有与服饰相关的梳子、头簪、佩饰等物。东周时期齐国号称"冠带衣履天下"，纺织业特别发达。北朝《齐民要术》提到"鲁桑百，丰绵绵"，意思是鲁桑不仅质量好，且能多出绵帛，不仅用功省，且得利多。唐宋以后丝织物保存相对较多，唐代织物华美，宋代服饰优雅，元代衣冠奇特，明清冠服繁丽，历代服饰各具特色。

　　服饰是礼制的重要组成部分，也是社会重要的行为规范，不同人在不同场合，服饰穿着有严格的制度化规定，处处体现着社会成员之间的等级高低和身份贵贱。服饰又与社会经济发展紧密相连，直接反映了人们物质水平和生活状况，服饰还与科技发展、人们审美意识密切相关。

　　山东收藏的服饰类文物数量众多，保存良好，在中国服饰史上占有重要位置，其中以孔府传世服饰最具代表性。素有海内第一家之称的孔府，珍藏大批传世成衣实物，品类之繁多、体系之完整、保存之完好、传承之有绪，独步海内，是传统服饰文化的集大成者。初步统计，孔府收藏的明清服饰有八千余件，包括绫、罗、绸、缎、绉、纱等多种面料，呈现刺绣、缂丝、手绘、印染等多种工艺手段，涵盖朝服、礼服、公服、常服、吉服、便服、丧服等多种服饰种类，另外还有服装配饰、头饰等附属品类。其中明代服饰最为珍贵，有富丽堂皇的官袍、流光溢彩的赐服、高贵典雅的命妇礼服，体现了明清织绣技艺的较高水平。

镶绿松石金耳坠

元

通长4.2厘米

2010年菏泽市国贸中心工地出土

菏泽市博物馆

镶宝石金带饰

明

通长16.7厘米，托厚0.9厘米

一级文物

1971年邹县明鲁荒王朱檀墓出土

山东博物馆

九旒冕

明

冠武直径17.6厘米，高17.9厘米

一级文物

1971年邹县明鲁荒王朱檀墓出土

山东博物馆

绿罗织金凤女袍

明
身长130厘米，腰宽50厘米，袖宽35厘米，袖通长241厘米
一级文物
山东博物馆

茶色绸平金团蟒袍

明

身长120厘米，腰宽67厘米，袖宽57厘米，袖通长219.5厘米

一级文物

山东博物馆

镀金铺翠凤冠

清
高23厘米
青岛市博物馆

红缎绣凤纹神袍

清
身长106厘米，袖通长192厘米
二级文物
泰安市博物馆

红缎绣龙纹神袍

清
身长101厘米，袖通长178厘米
二级文物
泰安市博物馆

金线绣龙纹蓝绸官服

清
身长143厘米，袖通长220厘米
三级文物
泰安市博物馆

刺绣花鸟纹四合如意式云肩

清
长58厘米，宽56厘米
三级文物
烟台市博物馆

工艺杂项包括漆器、竹木骨角牙器、金银器、珐琅器、玉器、文房用品等。漆器在史前时期就已出现。汉代漆器生产达到了一个高峰，工艺以彩绘为主；唐代漆器出现了金银平脱和雕漆工艺；宋代雕漆技术进一步成熟，又出现了戗金工艺；元明清是漆器工艺发展的繁盛时期，雕饰成为主流。元代的雕漆、金漆、螺钿工艺比较流行，主要器型为盘、盒、经箱、渣斗等。明代永乐年间官营的"果园场"专门生产漆器，其雕漆工艺达到了中国历史最高水平，邹城鲁荒王墓出土的一批漆器，如戗金云龙纹朱漆木箱、戗金漆盒、朱漆案桌、贴金漆匣、剔黄笔管等代表了明初官营漆器制作的高超水平。清代是漆器工艺的集大成时期，并逐步形成了一些地方特色。山东博物馆清剔红海棠花形盒就是乾隆雕漆的标准式样，清黑漆嵌螺钿金片圆盒也是这一时期螺钿工艺的精品。

竹木牙骨角器取材较为方便，旧石器时代就已出现，但竹木器相对而言不易保存，存世品较少。明清是中国竹木刻艺术发展的黄金时期。竹雕工艺在明中期以后逐渐形成了金陵派和嘉定派两大派，这两派的竹雕大师同时也是木雕高手。山东博物馆收藏的竹雕渔船就是明末嘉定派的精品之作，整船运用透雕、浅深浮雕等各种雕刻技法，刻画出一幅打渔归来的画面，线条流畅，手法娴熟。明鲁荒王墓彩绘木雕仪仗俑代表了明早期木雕工艺水平。清木雕和合二仙刀刻生动，磨工精细，是晚清木雕精品。骨角牙器在新石器时代即已普遍，山东大汶口遗址出土的象牙镂孔梳、獐牙勾形器、嵌绿松石骨雕筒等是山东史前文化时期的杰作。明清是骨角牙雕的繁荣时期，有圆雕人物、文房用具、盒碗等实用性器物，明衍圣公使用的牙雕笏板和腰牌，泰安市博物馆的明双面雕竹石人物象牙笏板，山东博物馆的清牙雕香盒、牙雕人物瓶等都是这类牙雕精品，烟台市博物馆的清象牙席，制作精湛，是稀有的象牙工艺品。

文房四宝——笔、墨、纸、砚是我国古代独具特色的发明。据考古资料，史前文化时期就已经发现了用笔的痕迹。总体而言，明代以前保存的实物较少，鲁荒王墓出土的明代剔黄卷云纹漆笔管、盘龙纹牙管笔是较为珍贵的实物资料。汉代开始出现人工制的烟墨，明清时期出现了大批制墨专家，制造出集书画、雕刻、漆器、螺钿镶嵌工艺于一体的集锦墨，如清八宝奇珍墨、御题西湖十景诗集锦墨即为此类精品。砚台不仅是文房用品，也是鉴赏收藏的工艺品。汉魏时有石砚、瓷砚；唐宋有端砚、歙砚、红丝石砚、洮河砚；明清砚台种类繁多，形制丰富，工艺多样，达到了砚台发展的全盛时期，如济南市博物馆的清高凤翰铭天鹅随形端砚，诸城市博物馆的明抄手端砚等。除文房四宝之外，还有配套的文房辅助用具，与文房四宝相映成趣。此类用具在明清时期的品类材质非常繁多，据明代屠隆《文具雅编》记载，约有四十余种，如笔架、笔筒、墨床、墨匣、镇纸、研盒、水注、砚滴等。本书收录的明玛瑙玉笔洗、明青花云龙纹笔架、明水晶鹿镇纸、明水晶兽水丞等均是此时期文房精品。

明清金银器工巧华丽，技艺精湛，用途遍及典章、祭祀、冠服、生活、陈设等社会生活的各个方面，是等级和富贵的象征，鲁荒王墓出土的金银饰品是明代早期宫廷金银工艺的杰出代表。

珐琅器分为铜胎掐丝珐琅、錾胎珐琅、透明珐琅、画珐琅等，最常见的有铜胎掐丝珐琅和铜胎画珐琅两种。铜胎掐丝珐琅，俗称"景泰蓝"，是一种将玻璃质材料附着在金属器物表面上的特种工艺。一般认为景泰蓝工艺是元代从阿拉伯传入中国的，明清时期最为流行。明代景泰蓝胎体厚重，造型端庄，器型多仿商周铜器，掐丝较粗，花纹简朴而古雅；清代则胎骨较薄，造型多样，掐丝纤细，纹饰繁缛而精美。曲阜市文管会收藏的明掐丝珐琅鹤足炉和青岛市博物馆收藏的清掐丝珐琅炉分别代表了明清两代铜胎掐丝珐琅的最高水平。铜胎画珐琅在清康熙时期由内廷造办处试制成功后，很快发展，制法与铜胎掐丝珐琅大致相同，直接在铜胎上用珐琅釉描绘，又称"烧瓷"。曲阜市文管会收藏的清铜胎画珐琅五供和泰安市博物馆收藏的清乾隆画珐琅六棱开光铜瓶堪称清代画珐琅之杰作。

明代玉器制作以生活实用器为多，其中仿古之作尤为丰富。清代是玉器制作的振兴时期，宫廷与民间手工艺都有较大发展，所制作的玉器多为陈设器物和饰品，大件如玉山子、玉摆件、玉如意、玉洗，小件如玉印、玉带钩、玉扳指，均雕镂精工，堪为佳品。

玉器

镂雕龙纹玉炉顶

元
通高14.4 厘米
三级文物
济南市博物馆

螭首玉带钩

元
长10.6厘米，宽3厘米，厚2.5厘米
济南市博物馆

透雕玉如意首

元
长11.5厘米，宽9厘米，厚2.2厘米
二级文物
高青县文化新闻出版局

白玉花形杯

明
高3.2厘米，口径7.3厘米
一级文物
1971年邹县明鲁荒王朱檀墓出土
山东博物馆

双耳玉杯

明

高4.2厘米，口径6.2厘米，底径2.7厘米

三级文物

垦利县博物馆

双螭耳玉杯

明

通高5 厘米，口径7.5厘米

二级文物

商河县烈士陵园附近出土

商河县博物馆

金镶灵芝纹白玉带板

明
最大玉板长6.6厘米，宽2.6厘米
一级文物
1971年邹县明鲁荒王朱檀墓出土
山东博物馆

镶嵌玉鎏金铜带扣

明

长9.7厘米，宽4.5厘米，厚1.5厘米

三级文物

肥城市文物管理所

螭首玉带扣

明
长7.7厘米，宽3.1厘米
三级文物
单县博物馆

龙凤纹玉佩

明
长7.2厘米，宽3.6厘米，厚0.7厘米
三级文物
济南市博物馆

玉鞍马

明

高19厘米、长21厘米，宽7厘米

二级文物

曹县商都博物馆

"荆王之玺"玉印

明

通高5.1厘米；印面长6.1厘米，宽5.9厘米

二级文物

五莲县博物馆

云龙纹白玉扁壶

清

高9.7厘米；底长7.6厘米，宽4.7厘米

一级文物

青岛市博物馆

黄玉鹿首壶

清

通高11.8厘米，长17厘米，宽4.5厘米

二级文物

山东博物馆

捞取和阗盈尺
姿仙山石锴玉
人为一珠径寸
骊龙护守口如
瓶意寓瓷
乾隆御题

蟠龙纹御题玉瓶

清乾隆
高34.4厘米，口最大径6.3厘米，底最大径9.8厘米
一级文物
烟台市博物馆

人物纹双鹿耳玉杯

清乾隆
高5.5厘米，口径8.2厘米，
底径3.6厘米
二级文物
济南市博物馆

兽面纹黄玉扁瓶

清乾隆
通高14.5厘米，通长12.4厘米，宽3.4厘米
一级文物
济南市博物馆

翁方纲题铭双耳青玉方杯

清乾隆

高7.1厘米；口径长12.1厘米，
宽6厘米

一级文物

新泰市博物馆

雕花玉缸

清乾隆

高7.6厘米，口径13厘米，底径6.4厘米

二级文物

济南市博物馆

嵌红料石活环莲花青玉洗

清
高47.5厘米，口径16.3厘米，
底径12.5厘米
一级文物
青岛市博物馆

透雕松竹梅岁寒三友碧玉花插

清乾隆
高16.1厘米
二级文物
新泰市博物馆

青玉玉兰花插

清乾隆
高17.3厘米
一级文物
青岛市博物馆

乾隆御题徐扬伏狮罗汉赞玉山子

清乾隆

高23厘米

一级文物

新泰市博物馆

镂空黑白玉双獾

清
长5.2厘米，宽4.3厘米
三级文物
宁阳县博物馆

于阗采玉图玉山子

清乾隆
高12厘米，长20.1厘米，宽8.2厘米
一级文物
济南市博物馆

翡翠鹅雕摆件

清
高2.2厘米，长5.5厘米，宽2.8厘米
三级文物
曲阜市文物管理委员会

翠雕卧马、翠雕卧牛

清
牛高7厘米，长16.5厘米；马高7.2厘米，长17.3厘米
三级文物
邹城博物馆

浮雕玉山子

清
高13.2厘米，宽15.6厘米
二级文物
五莲县博物馆

玉双鸭

清
长18厘米，宽10厘米
二级文物
即墨市博物馆

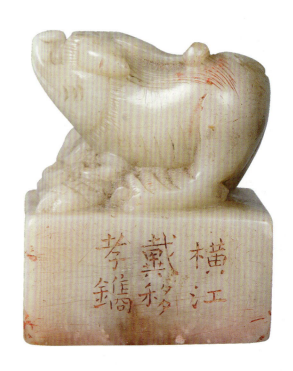

兽钮王士祯玉印

清
通高4.3厘米，印面边长3.4厘米
一级文物
邹平县文物管理所

印文：王士祯印
边款：横江戴移孝镌

五福捧寿双耳琥珀瓶

清
高14厘米，口径4.7厘米，腹径7.3厘米，底径4.3厘米
二级文物
邹平县焦桥乡爱贤村出土
邹平县文物管理所

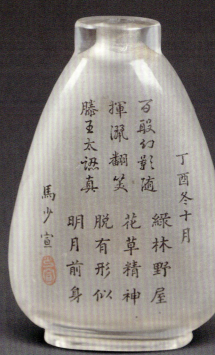

息肩圖
不是
綺園多勝召
期追
閒却闌苦菲
少宣作

丁酉冬十月
綠林野屋
花草精神
脫有形似
明月前身

百般幻影隨
揮灑翻笑
滕王太逼真

馬少宣

马少宣内画水晶鼻烟壶

清
高6厘米，口径1.5厘米
三级文物
菏泽市博物馆

竹
木
雕

木雕力士像建筑饰件

元
高26.1厘米，最宽18.4厘米，厚8.9厘米
一级文物
济南市博物馆

娄坚款竹雕松石人物笔筒

明

高15.7厘米

济南市博物馆

竹雕猴桃摆件

明

通高20.5厘米

二级文物

曲阜市文物管理委员会

牙雕亭台楼阁人物瓶

明

高24厘米；口长径4.7厘米，短径3.8厘米；

底长径4.8厘米，短径3.9厘米

二级文物

莱芜市文物局

牙雕亭台楼阁人物瓶局部

犀角杯

明

通高7厘米；口径长15厘米，宽9.2厘米

三级文物

菏泽市博物馆

牙雕山水人物笔筒

明

高13厘米，口径10厘米，底径9.9厘米

一级文物

青岛市博物馆

根雕松竹梅笔筒

清

高12.2厘米，口径9.5厘米，底径9厘米

三级文物

东营市历史博物馆

双面雕竹石人物象牙笏板

明

长54.5厘米，宽8.9厘米

一级文物

泰安市博物馆

竹雕仕女故事香筒

清康熙
高18.7厘米，口径5.3厘米，底径5.2厘米
济南市博物馆

沉香木狮子

清乾隆
高37.5厘米，长36.5厘米
一级文物
泰安市博物馆

高凤翰题铭根雕花架

清
高84.7厘米，顶最大径41厘米，底最大径32厘米
一级文物
诸城市博物馆

牙雕婴戏癫葡萄插片

清

长30厘米，宽9厘米

二级文物

青岛市博物馆

牙雕人物

清

高25.3厘米，通宽12厘米

三级文物

曹县商都博物馆

螭虎纹犀角杯

清
高10厘米，长12厘米，宽10厘米
一级文物
青岛市博物馆

漆
器

嵌钿亭台人物纹黑漆盒

元
高5.5厘米，长27厘米，宽19.5厘米
二级文物
青岛市博物馆

戗金云龙纹朱漆木箱

明

通高60厘米，箱体边长58厘米

一级文物

1971年邹县明鲁荒王朱檀墓出土

山东博物馆

剔红亭阁人物博弈图盘

明

高3.3厘米，长径22.5厘米，
短径17.2厘米

一级文物

青岛市博物馆

剔红花鸟纹盘

明

高3.7厘米，口径31.5厘米

一级文物

山东博物馆

剔黑花鸟纹葵口盘

明

高3.7厘米，口径31厘米

一级文物

山东博物馆

雕漆墨盒

清
高4厘米，直径8厘米
三级文物
东营市历史博物馆

鎏金雕漆缠枝莲纹铜净水碗

清乾隆
高13.3厘米，口径15.3厘米，底径7.6厘米
一级文物
泰安市博物馆

"奉天诰命"镶金漆匣

清
通高55厘米，长50.7厘米，宽29.2厘米
三级文物
荣成博物馆

珐琅器

缠枝宝相花掐丝珐琅鹤足炉

明
通高63.3厘米，口径26厘米，足高28.7厘米
一级文物
曲阜市文物管理委员会

画珐琅六棱开光铜瓶

清乾隆
高31厘米，口径14.7厘米，底径10.3厘米
一级文物
泰安市博物馆

掐丝珐琅凤耳尊

清乾隆
高48.5厘米，口径24.5厘米
二级文物
青岛市博物馆

珐琅釉银八宝

清乾隆

高32厘米，底径13厘米

一级文物

泰安市博物馆

珐琅釉银七珍

清乾隆

高32厘米，底径13.3厘米

一级文物

泰安市博物馆

画珐琅铜八宝

清乾隆
高32厘米，底径11.1厘米
一级文物
泰安市博物馆

银法轮

清
高27.5厘米，轮宽16.7厘米，底径11厘米
一级文物
泰安市博物馆

文房用品

蟠龙戏珠纹象牙管毛笔

明

通长26.4厘米，杆直径1.35厘米，

帽直径1.7厘米

三级文物

1971年邹县明鲁荒王朱檀墓出土

山东博物馆

玉管毛笔

明

通长20厘米，杆直径1.3厘米，帽直径1.4厘米

三级文物

1971年邹县明鲁荒王朱檀墓出土

山东博物馆

王元相紫石砚

明嘉靖二年
高7.8厘米，直径32.3厘米
一级文物
泰安市博物馆

抄手端砚

明
高5.8厘米，长19.5厘米，宽11.9厘米
一级文物
诸城市博物馆

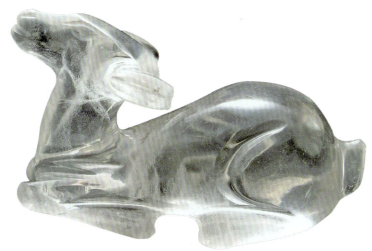

水晶鹿镇纸

明

高6.2厘米，长10厘米

一级文物

1971年邹县明鲁荒王朱檀墓出土

山东博物馆

阅微草堂端砚

清

高4厘米，长23厘米，宽16.2厘米

沂南县博物馆

阮元款端溪对砚

清

高1.9厘米，长21.7厘米，宽14.8厘米

二级文物

青岛市博物馆

高凤翰铭天鹅随形端砚

清

长20.6厘米，宽13.4厘米，厚2.3厘米

一级文物

济南市博物馆

高翔长方端砚

清

高4.9厘米，长18.9厘米，宽12.2厘米

一级文物

山东博物馆

汪节庵制不规则书匣形墨

清乾隆三十年
高1.3厘米，长8厘米，宽3.5厘米
二级文物
济南市博物馆

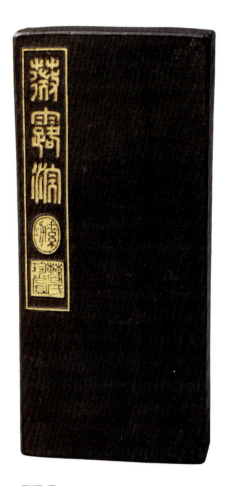

曹素功薇露浣长方形墨

清
高1.3厘米，长6厘米，宽2.65厘米
二级文物
济南市博物馆

高凤翰用青田石章

清

高3.6厘米；印面长4厘米，宽3.9厘米

一级文物

诸城市博物馆

印文：乱书堆里日高暝

雕龙纹田黄石章

清
高7.3厘米，印面边长2.8厘米
一级文物
青岛市博物馆

"南海康有为更生所藏金石书画"石章

民国四年
高3.7厘米，印面边长3.8厘米
一级文物
青岛市康有为故居纪念馆

雕
塑
及
其
他

鎏金铜观音像

明嘉靖

通高64厘米

一级文物

五莲县潮河镇落花顶村出土

五莲县博物馆

背面刻铭：直隶凤阳府寿州沿河乡瓦埠镇东街住奉佛信士刘栋妻熊
氏斋心铸造观音菩萨一尊本家堂内供养如嘉靖乙丑年六月初十日吉
造金火匠陶文上同父亲刘魁建立

鎏金铜菩萨像

明

通高15.5厘米

二级文物

青岛市博物馆

鎏金铜佛像

明

高73厘米，宽55厘米

青岛市民俗博物馆

鎏金铜菩萨像

明
通高33厘米，宽18厘米
三级文物
中国鲁锦博物馆

铜佛像

明
通高33厘米
三级文物
临沂市博物馆

护身铜佛像

清
通高3.4厘米
一级文物
聊城中国运河文化博物馆

意大利哥伦布石雕像（康有为收藏）

19世纪

通高72厘米

二级文物

青岛市康有为故居纪念馆

铜铳

明
高32.7厘米，口径13.5厘米，底径10厘米
二级文物
荣成博物馆

器身刻"洪武十一年造"等7行30字。

镀金怀表（北洋海军定远舰总管轮陈兆锵使用）

1896—1952年
直径5厘米
一级文物
中国甲午战争博物院

文物藏品定级标准

文化部令第19号

（2001年4月9日颁布，2001年4月9日实施）

　　根据《中华人民共和国文物保护法》和《中华人民共和国文物保护法实施细则》的有关规定，特制定本标准。

　　文物藏品分为珍贵文物和一般文物。珍贵文物分为一、二、三级。具有特别重要历史、艺术、科学价值的代表性文物为一级文物；具有重要历史、艺术、科学价值的为二级文物；具有比较重要历史、艺术、科学价值的为三级文物。具有一定历史、艺术、科学价值的为一般文物。

一、一级文物定级标准

　　（一）反映中国各个历史时期的生产关系及其经济制度、政治制度，以及有关社会历史发展的特别重要的代表性文物；

　　（二）反映历代生产力的发展、生产技术的进步和科学发明创造的特别重要的代表性文物；

　　（三）反映各民族社会历史发展和促进民族团结、维护祖国统一的特别重要的代表性文物；

　　（四）反映历代劳动人民反抗剥削、压迫和著名起义领袖的特别重要的代表性文物；

　　（五）反映历代中外关系和在政治、经济、军事、科技、教育、文化、艺术、宗教、卫生、体育等方面相互交流的特别重要的代表性文物；

　　（六）反映中华民族抗御外侮，反抗侵略的历史事件和重要历史人物的特别重要的代表性文物；

　　（七）反映历代著名的思想家、政治家、军事家、科学家、发明家、教育家、文学家、艺术家等特别重要的代表性文物，著名工匠的特别重要的代表性作品；

（八）反映各民族生活习俗、文化艺术、工艺美术、宗教信仰的具有特别重要价值的代表性文物；

（九）中国古旧图书中具有特别重要价值的代表性的善本；

（十）反映有关国际共产主义运动中的重大事件和杰出领袖人物的革命实践活动，以及为中国革命做出重大贡献的国际主义战士的特别重要的代表性文物；

（十一）与中国近代（1840—1949）历史上的重大事件、重要人物、著名烈士、著名英雄模范有关的特别重要的代表性文物；

（十二）与中华人民共和国成立以来的重大历史事件、重大建设成就、重要领袖人物、著名烈士、著名英雄模范有关的特别重要的代表性文物；

（十三）与中国共产党和近代其他各党派、团体的重大事件，重要人物、爱国侨胞及其他社会知名人士有关的特别重要的代表性文物；

（十四）其他具有特别重要历史、艺术、科学价值的代表性文物。

二、二级文物定级标准

（一）反映中国各个历史时期的生产力和生产关系及其经济制度、政治制度，以及有关社会历史发展的具有重要价值的文物；

（二）反映一个地区、一个民族或某一个时代的具有重要价值的文物；

（三）反映某一历史人物、历史事件或对研究某一历史问题有重要价值的文物；

（四）反映某种考古学文化类型和文化特征，能说明某一历史问题的成组文物；

（五）历史、艺术、科学价值一般，但材质贵重的文物；

（六）反映各地区、各民族的重要民俗文物；

（七）历代著名艺术家或著名工匠的重要作品；

（八）古旧图书中具有重要价值的善本；

（九）反映中国近代（1840—1949）历史上的重大事件、重要人物、著名烈士、著名英雄模范的具有重要价值的文物；

（十）反映中华人民共和国成立以来的重大历史事件、重大建设成就、重要领袖人物、著名烈士、著名英雄模范的具有重要价值的文物；

（十一）反映中国共产党和近代其他各党派、团体的重大事件，重要人物、爱国侨胞及其他社会知名人士的具有重要价值的文物；

（十二）其他具有重要历史、艺术、科学价值的文物。

三、三级文物定级标准

（一）反映中国各个历史时期的生产力和生产关系及其经济制度、政治制度，以及有关社会历史发展的比较重要的文物；

（二）反映一个地区、一个民族或某一时代的具有比较重要价值的文物；

（三）反映某一历史事件或人物，对研究某一历史问题有比较重要价值的文物；

（四）反映某种考古学文化类型和文化特征的具有比较重要价值的文物；

（五）具有比较重要价值的民族、民俗文物；

（六）某一历史时期艺术水平和工艺水平较高，但有损伤的作品；

（七）古旧图书中具有比较重要价值的善本；

（八）反映中国近代（1840—1949）历史上的重大事件、重要人物、著名烈士、著名英雄模范的具有比较重要价值的文物；

（九）反映中华人民共和国成立以来的重大历史事件、重大建设成就、重要领袖人物、著名烈士、著名英雄模范的具有比较重要价值的文物；

（十）反映中国共产党和近代其他各党派、团体的重大事件，重要人物、爱国侨胞及其他社会知名人士的具有比较重要价值的文物；

（十一）其他具有比较重要的历史、艺术、科学价值的文物。

四、一般文物定级标准

（一）反映中国各个历史时期的生产力和生产关系及其经济制度、政治制度，以及有关社会历史发展的具有一定价值的文物；

（二）具有一定价值的民族、民俗文物；

（三）反映某一历史事件、历史人物，具有一定价值的文物；

（四）具有一定价值的古旧图书、资料等；

（五）具有一定价值的历代生产、生活用具等；

（六）具有一定价值的历代艺术品、工艺品等；

（七）其他具有一定历史、艺术、科学价值的文物。

五、博物馆、文物单位等有关文物收藏机构，均可用本标准对其文物藏品鉴选和定级。社会上其他散存的文物，需要定级时，可照此执行。

六、本标准由国家文物局负责解释。

一级文物定级标准举例

一、玉、石器　时代确切，质地优良，在艺术上和工艺上有特色和有特别重要价值的；有确切出土地点，有刻文、铭记、款识或其他重要特征，可作为断代标准的；有明显地方特点，能代表考古学一种文化类型、一个地区或作坊杰出成就的；能反映某一时代风格和艺术水平的有关民族关系和中外关系的代表作。

二、陶器　代表考古学某一文化类型，其造型和纹饰具有特别重要价值的；有确切出土地点可作为断代标准的；三彩作品中造型优美、色彩艳丽、具有特别重要价值的；紫砂器中，器形完美，出于古代与近代名家之手的代表性作品。

三、瓷器　时代确切，在艺术上或工艺上有特别重要价值的；有纪年或确切出土地点可作为断代标准的；造型、纹饰、釉色等能反映时代风格和浓郁民族色彩的；有文献记载的名瓷、历代官窑及民窑的代表作。

四、铜器　造型、纹饰精美，能代表某个时期工艺铸造技术水平的；有确切出土地点可作为断代标准的；铭文反映重大历史事件、重要历史人物的或书法艺术水平高的；在工艺发展史上具有特别重要价值的。

五、铁器　在中国冶铸、锻造史上，占有特别重要地位的钢铁制品；有明确出土地点和特别重要价值的铁质文物；有铭文或错金银、镶嵌等精湛工艺的古代器具；历代名人所用，或与重大历史事件有直接联系的铁制历史遗物。

六、金银器　工艺水平高超，造型或纹饰十分精美，具有特别重要价值的；年代、地点确切或有名款，可作断代标准的金银制品。

七、漆器　代表某一历史时期典型工艺品种和特点的；造型、纹饰、雕工工艺水平高超的；著名工匠的代表作。

八、雕塑　造型优美，时代确切，或有题记款识，具有鲜明时代特点和艺术风格的金属、玉、石、木、泥和陶瓷、髹漆、牙骨等各种质地的、具有特别重要价值的雕塑作品。

九、石刻砖瓦　时代较早，有代表性的石刻；刻有年款或物主铭记可作为断代标准的造像碑；能直接反映社会生产、生活，神态生动、造型优美的石雕；技法精巧、内容丰富的画像石；有重大史料价值或艺术价值的碑碣墓志；文字或纹饰精美，历史、艺术价值特别重要的砖瓦。

十、书法绘画　元代以前比较完整的书画；唐以前首尾齐全有年款的写本；宋以前经卷中有作者或纪年且书法水平较高的；宋、元时代有名款或虽无名款而艺术水平较高的；具有特别重要价值的历代名人手迹；明清以来特别重要艺术流派或著名书画家的精品。

十一、古砚　时代确切，质地良好，遗存稀少的；造型与纹饰具有鲜明时代特征，工艺水平很高的端、歙等四大名砚；有确切出土地点，或流传有绪，制作精美，保存完好，可作断代标准的；历代重要历史人物使用过的或题铭价值很高的；历代著名工匠的代表作。

十二、甲骨　所记内容具有特别重要的史料价值，龟甲、兽骨比较完整的；所刻文字精美或具有特点，能起断代作用的。

十三、玺印符牌　具有特别重要价值的官私玺、印、封泥和符牌；明、清篆刻中主要流派或主要代表人物的代表作。

十四、钱币　在中国钱币发展史上占有特别重要地位、具有特别重要价值的历代钱币、钱范和钞版。

十五、牙骨角器　时代确切，在雕刻艺术史上具有特别重要价值的；反映民族工艺特点和工艺发展史的；各个时期著名工匠或艺术家代表作，以及历史久远的象牙制品。

十六、竹木雕　时代确切，具有特别重要价值，在竹木雕工艺史上有独特风格，可作为断代标准的；制作精巧、工艺水平极高的；著名工匠或艺术家的代表作。

十七、家具　元代以前（含元代）的木质家具及精巧明器；明清家具中以黄花梨、紫檀、鸡翅木、铁梨、乌木等珍贵木材制作、造型优美、保存完好、工艺精良的；明清时期制作精良的髹饰家具；明清及近现代名人使用的或具有重大历史价值的家具。

十八、珐琅　时代确切，具有鲜明特点，造型、纹饰、釉色、工艺水平很高的珐琅制品。

十九、织绣　时代、产地准确的；能代表一个历史时期工艺水平的具有特别重要价值的不同织绣品种的典型实物；色彩艳丽，纹饰精美，具有典型时代特征的；著名织绣工艺家的代表作。

二十、古籍善本　元以前的碑帖、写本、印本；明清两代著名学者、藏书家撰写或整理校订的、在某一学科领域有重要价值的稿本、抄本；在图书内容、版刻水平、纸张、印刷、装帧等方面有特色的明清印本（包括刻本、活字本、有精美版画的印本、彩色套印本）、抄本；有明清时期著名学者、藏书家批校题跋、且批校题跋内容具有重要学术资料价值的印本、抄本。

二十一、碑帖拓本　元代以前的碑帖拓本；明代整张拓片和罕见的拓本；初拓精本；原物重要且已佚失，拓本流传极少的清代或近代拓本；明清时期精拓套帖；清代及清代以前有历代名家重要题跋的拓本。

二十二、武器　在武器发展史上，能代表一个历史阶段军械水平的；在重要战役或重要事件中使用的；历代著名人物使用的、具有特别重要价值的武器。

二十三、邮品　反映清代、民国、解放区邮政历史的、存量稀少的；中华人民共和国建国以来具有特别重要价值的邮票和邮品。

二十四、文件、宣传品　反映重大历史事件，内容重要，具有特别重要意义的正式文件或文件原稿；传单、标语、宣传画、号外、捷报；证章、奖章、纪念章等。

二十五、档案文书　从某一侧面反映社会生产关系、经济制度、政治制度和土地、人口、疆域变迁以及重大历史事件、重要历史人物事迹的历代诏谕、文告、题本、奏折、诰命、舆图、人丁黄册、田亩钱粮簿册、红白契约、文据、书札等官方档案和民间文书中，具有特别重要价值的。

二十六、名人遗物　已故中国共产党著名领袖人物、各民主党派著名领导人、著名爱国侨领、著名社会活动家的具有特别重要价值的手稿、信札、题词、题字等以及具有特别重要意义的用品。

注：二、三级文物定级标准举例可依据一级文物定级标准举例类推。

后　记

　　山东省第一次全国可移动文物普查工作以2012年3月青岛市被国家文物局确定为可移动文物普查试点算起，进行了五年的时间。《文物山东——第一次全国可移动文物普查藏品集萃》一书，是在可移动文物普查圆满完成之际开始编撰的，目的是将来之不易的普查成果更好地服务社会。山东省文物局成立了以周晓波副局长为主任，张卫军处长为副主任的编委会，组织领导，协调安排了各项相关工作。山东省第一次全国可移动文物普查办公室全体同志承担了具体的编撰工作。

　　本书以历史发展为脉络，从本次可移动文物普查数据库中甄选出能够反映山东各个历史时期具有较高历史、艺术、科学价值的重要文物1000余件，结集出版。编辑组稿工作得到了各市、县（市、区）文物行政管理部门和各级文物普查办公室、省直相关单位的大力支持，由少平、王永波、蒋英炬、崔明泉、刘承诰、王之厚等领导和专家参与了普查文物认定和书稿审阅工作，耿宝昌、于茂阳先生分别为本书题词和题签；在出版过程中，中华书局给予了鼎力支持，在此一并致谢。

　　因时间仓促及水平所限，错讹在所难免，诚望读者多提宝贵意见，以利我们进一步完善并改进工作。

编　者